Kreativitätsdiagnostik

Heribert Wienkamp

Kreativitätsdiagnostik

Springer

Heribert Wienkamp
Recklinghausen, Deutschland

ISBN 978-3-662-68926-4 ISBN 978-3-662-68927-1 (eBook)
https://doi.org/10.1007/978-3-662-68927-1

Die Deutsche Nationalbibliothek verzeichnet diese Publikation in der Deutschen Nationalbibliografie; detaillierte bibliografische Daten sind im Internet über https://portal.dnb.de abrufbar.

Planung/Lektorat: Alexander Horn
Springer ist ein Imprint der eingetragenen Gesellschaft Springer-Verlag GmbH, DE und ist ein Teil von Springer Nature.
Die Anschrift der Gesellschaft ist: Heidelberger Platz 3, 14197 Berlin, Germany

Das Papier dieses Produkts ist recycelbar.

Vorwort

Kreativitätsdiagnostik ist ohne Zweifel ein „schwieriges Geschäft" und stellt jeden Praktiker vor fast unlösbaren Herausforderungen. Keineswegs sprudeln bei dieser Aufgabe so ohne weiteres die grandiosen Ideen und ein „Gewusst-wie" stellt sich auch nicht automatisch ein. Nach den bisherigen Veröffentlichungen ist zu vermuten, dass schon viele Versuche unternommen wurden, Kreativität einzuschätzen, z. B. mittels dafür entwickelter Kreativitätstests. Mit Ausnahme von Werkstücken oder Arbeitsproben aus dem künstlerisch-wissenschaftlichen Milieu zur Feststellung „kreativer" Talente ist es weder in der pädagogischen Diagnostik bei Schulkindern noch in der betrieblichen Personalauswahl oder der beruflichen Eignungsdiagnostik abschließend gelungen, diesen methodischen Anforderungen Herr zu werden und geeignete oder – noch besser – optimale Verfahren oder Instrumente zu entwickeln.

Angesichts dieser Ausgangslage fällt es begreiflicherweise jedem Autor schwer, sich diesem Problem zu stellen und die methodische Herausforderung anzunehmen, um neue Akzente in der Kreativitätsdiagnostik zu setzen. Ich selbst habe auch lange überlegt, wie ein nützlicher Beitrag in Form eines Fachbuches ausfallen könnte, ohne die bisher veröffentlichten Erkenntnisse und Verfahrensweisen o. Ä. nur „schlicht und stumpf" zu wiederholen!

Es ist nun einmal eine Tatsache, dass Kreativität nicht nur ein ominöser und blendender Begriff ist, sondern zugleich auch eine Persönlichkeitseigenschaft darstellt, die sich nicht unter vergleichbaren Bedingungen verordnen lässt und einstellt. „Sei spontan" geht genauso wenig wie „sei kreativ"! Unter diesen Bedingungen können standardisierte Verfahrensweisen wie Tests eigentlich nur verlieren, sodass es ein Wunder ist, dass dennoch Kreativitätstests als diagnostische Instrumente konstruiert wurden und existieren. Somit liegt der Zweck dieses Beitrages nicht darin, einen neuen Kreativitätstest o. Ä. als *standardisiertes* Instrument vorzustellen, sondern andere Möglichkeiten der Kreativitätsdiagnostik hervorzuheben, die auch in der betrieblichen Eignungsdiagnostik vorstellbar wären. Zweifelsohne ist dann in diesem Kontext ein wichtiges Anliegen, darauf hinzuweisen, dass es nicht den einen oder *den* Ansatz gibt, sondern es darauf ankommt, „den Blick schweifen zu lassen" und den diagnostischen Rahmen systematisch zu erweitern. Evtl. kann auch ein eher spielerisch konstruiertes und durchzuführendes Verfahren der Kreativität näherkommen (s. Anhang 2).

Als Ausweg und eine Möglichkeit bietet sich zum einen die Anwendung von Szenarien „offener Probleme" an, die allerdings sowohl methodisch mithilfe spezieller und geeigneter Beurteilungsraster als auch durch vorherige Sondierung der zu erwartenden Antworten oder Lösungen gut vorbereitet sein sollten. Szenarien unterscheiden sich von streng reglementierten Verfahren wie Tests durch den eher zwanglosen Zugang zu den offenen Problemen, die der Kandidat durch Fragen und Antworten an sich selbst zu lösen versucht und von einer „Jury" dabei beobachtet und beurteilt wird. Zum anderen sollte der Diagnostiker nicht „wie das Kaninchen auf die Schlange" nur auf die Kreativität schielen oder fokussieren und nur sie allein als Merkmal beurteilen, sondern das „nosologische Netz" von mit der Kreativität korrespondierenden Persönlichkeitsmerkmalen simultan im Blick haben und ein Merkmalsprofil anstreben und erstellen.

Eine weitere Möglichkeit bestünde darin, nicht nur nach dem kreativen Verhalten im positiven Sinne zu fahnden, sondern sich stattdessen einer „Negativdiagnostik" zuzuwenden, um z. B. rigides oder unflexibles Verhalten zu diagnostizieren, die sehr wahrscheinlich das Gegenteil von Kreativität bedeuten und sich besonders innerhalb von sozialen Beziehungen bemerkbar machen. Gerade in sozialen Beziehungen kommt es zuweilen auf Phantasie, Empathie und Intuition an, was sich in dem sozialen Verständnis und den bewusst gewählten oder unwillkürlichen Reaktionen, z. B. in der Bitte um Feedback, offenbart. Leider besitzt oder beherrscht nicht jeder Mensch im ausreichenden Maße diese „Social Skills".

Nicht nur für soziale Beziehungen ist neben der Produktion guter Ideen und Einfälle zur Lösung der anstehenden Probleme eine geistige Flexibilität und Kombinationsgabe erforderlich, die sich im effektiven Gebrauch mentaler und vielfältiger Beurteilungsschemata oder Kategoriensysteme positiv und kreativ bemerkbar machen. Im Unterschied zur Intelligenzdiagnostik gibt es bei der Kreativitätsdiagnostik nämlich nicht die eine und richtige Lösung, sondern i. d. R. stehen viele Alternativen zur Auswahl.

Im Zeitalter der sozialen Medien spielt auch die soziale Resonanz in der Öffentlichkeit bei kreativen Ideen oder Arbeiten eine zunehmend bedeutsamere Rolle, die in ihrer Wirkung durch die im Internet bzw. in den sozialen Netzen betriebene Verbreitung und in ihrem Nutzen als Rückmeldung an den (kreativen) Initiator nicht zu unterschätzen ist.

Bleibt zu hoffen, dass diese Lektüre einige Anregungen und Alternativen für eine Kreativitätsdiagnostik enthält und aufzeigt, die Ihnen als Personalverantwortlicher und Beurteiler von Personen merklich weiterhelfen könnten.

Recklinghausen
im Januar 2024

Dr. Heribert Wienkamp

Inhaltsverzeichnis

Einführung 1

Manche, wenn nicht sogar viele Personen bezweifeln, dass die Kreativitätsdiagnostik überhaupt zu bewerkstelligen ist. Denn Kreativitätsdiagnostik ist ein Paradoxon oder ein Widerspruch in sich, da kein Mensch auf Kommando kreativ sein kann! „Sei spontan“ funktioniert ebenso wenig in der Kommunikation und Interaktion unter Menschen, wie wir alle wissen, wie die Aufforderung: Sei kreativ!

Kreativität und Intelligenz kommen einem manchmal vor wie „siamesische Zwillinge“, die sich zwar ergänzen und irgendwie zusammengehören, aber sich nicht vereinen oder verschmelzen, sondern eigenständige geistige Leistungen bleiben. Somit geht auch kein Weg daran vorbei, bei der Behandlung und Diskussion der Kreativität, oder speziell der Kreativitätsdiagnostik, sich auch mit der Intelligenzforschung bzw. mit der Diagnostik mentaler Leistungen und Prozesse zu beschäftigen.

Über die Intelligenz ist schon sehr viel gesagt und geschrieben worden, und als Ergebnis der wissenschaftlichen Forschung liegt eine Reihe von Intelligenzmodellen vor, die sich in ihren Strukturen und in ihrer Komponentenvielfalt bzw. in ihren Funktionen voneinander unterscheiden und abgrenzen. Somit ist es nicht vermessen zu sagen, dass es nicht das Intelligenzkonzept an sich gibt, sondern eben viele – was in der wissenschaftlichen Forschung auch kein Novum ist!

Noch vager, oder sogar „schwammiger“, ist die Vorstellung von Kreativität. Für einige Forscher ist es ein Teil oder Subfaktor der Intelligenz, was mit Eingebung, Einsicht (englisch: insight) oder Einfalls- oder Ideenreichtum sich verbindet (z. B. als eine definierte Intelligenzleistung im „Berliner Intelligenzstruktur-Test“ von Jäger et al., 1997; s. auch Abschn. 4.1.2). Andere Autoren (s. Guilford, 1964; zit. nach Preiser, 1976, S. 55) benennen Kreativität als „divergentes Denken“ (als Pendant oder Gegensatz zum „konvergenten Denken“) oder auch „schlussfolgerndes Denken“, (s. z. B. Schuler & Görlich, 2007, S. 20 ff.), wenn der Aspekt der Synthesefähigkeit bei Problemlösungen mit Hilfe oder Anwendung neuer Ideen

H. Wienkamp, *Kreativitätsdiagnostik*, https://doi.org/10.1007/978-3-662-68927-1_1

besonders hervortritt. Sternberg (1985) stellte dem „induktiven Denken" („inductive reasoning") das „deduktive Denken" („deductive reasoning")" als jeweils flüssige Überlegungen („fluid abilities"), die zu Ideen oder Lösungen führen, gegenüber, was mit dem Gedankengang einmal „bottom-up", zum anderen „top-down" als Ausgangspunkt zusammenhängt. Neue Ideen führen nicht von selbst und automatisch zu „genialen" Lösungen, sondern sie müssen anschlussfähig sein und sich mit dem vorhandenen Erfahrungswissen verbinden, sodass sie kontextabhängig sind.

Puristisch betrachtet wäre eine Kreation oder ein kreatives Produkt etwas, was bisher noch nicht existiert hat bzw. noch nie da gewesen war. Aber: In unserer Welt versteht sich Kreativität als etwas, dass aus Vorhandenem hervorgeht und sich zu etwas Neuem entwickelt. Dies gilt gleichermaßen für geistige (wie Ideen oder Gedanken) als auch materielle (wie Produkte oder Objekte) Kreationen. Kreative Leistungen sind für uns als unmittelbar Betroffene demnach neu, allerdings nicht unbedingt für alle Menschen auf dieser Welt, wie es z. B. Barron (1965, S. 3 ff.) in seinem Review hervorhob.

Der Kreativitätsbegriff lässt sich aber noch weiter fassen, wenn er als „soziales und kulturelles Produkt" verstanden wird, dessen Entwicklung nur den Menschen vergönnt ist. Klar ist aber auch, dass solch ein universelles Verständnis von durch „Menschenhand" geschaffene kreative Leistungen (oder Kreativität als Eigenschaft) sich immer mehr von dem Anliegen und der Feststellung oder Diagnostik der Kreativität entfernt. Solch eine Meinung oder solch ein Ansatz kommt Autoren (s. z. B. den Sammelband von Neves-Pereira & Pinheiro, 2023) entgegen, die Kreativität als eine allgemeine humane Eigenschaft oder Eigenheit betrachten, die mit der Lebensgeschichte eines Individuums eng verbunden ist und darin ihren Ursprung findet. Vor dem Hintergrund der Humanität ist diese Aussage verständlich und nachvollziehbar! – Oder anders gewendet: Wenn jeder Mensch nur auf seine Art und Weise kreativ sein kann oder ist, warum sollen wir dann Kreativität feststellen oder zu objektivieren versuchen? Vielleicht nur, um unterschiedliche Ausprägungsgrade von Kreativität zu erfassen und auszuweisen, also zu quantifizieren oder zu messen? Und zu was wäre das gut, wenn die Kreativität oder die Qualität kreativer Leistungen nur individuell beurteilbar und somit nicht direkt vergleichbar ist? Viele Fragen, die seriöse Antworten verlangen!

Nun ist es aber nicht so, dass in der wissenschaftlichen Psychologie noch nie der Versuch unternommen wurde, Kreativitätsdiagnostik zu betreiben. Manche Kreativitätstests in der beruflichen Eignungsdiagnostik, aber auch Arbeitsproben, z. B. als Nachweis der Eignung oder der Begabung für ein Studium an einer Kunsthochschule, mögen hierfür den Beweis erbringen. Von den Bemühungen mit Vorschul- oder Schulkindern zur Feststellung kreativer Leistungen oder Talente, die auch unter bestimmten situativen Bedingungen nicht sonderlich erfolgreich waren (s. z. B. Seiffge-Krenke, 1974), einmal ganz zu schweigen.

Für die Beschäftigung mit der Kreativitätsdiagnostik bleibt es nicht aus, sich zunächst näher mit der Beziehung zwischen Intelligenz und Kreativität zu befassen bzw. sich der Intelligenzforschung mit ihren unterschiedlichen Modellen und diagnostischen Verfahren zu widmen. Dann ist es erforderlich, sich dem

Konstrukt „Kreativität" zuzuwenden mit dem Ziel, ihre Eigenständigkeit als mentale oder kognitive Leistung zu bestimmen und zu beschreiben, um erste oder weiterführende Untersuchungsansätze zu finden. Dabei spielt im beruflichen Kontext bzw. in der Arbeitswelt insbesondere die Abgrenzung von dem Merkmal „Innovationsvermögen" eine wichtige Rolle. Schließlich ist auf die besondere Situation bei der berufsbezogenen Kreativitätsdiagnostik einzugehen, um anzudeuten, in welchen Grenzen und mit welchen Perspektiven oder Erfolgsaussichten eine wie immer geartete Kreativitätsdiagnostik möglich wäre – oder auch nicht!

Zum Schluss bedarf es noch eines „Ausfluges" oder einer Exkursion in die „soziale Wirklichkeit" der menschlichen Interaktionen und Beziehungen, bevor auf die Einbettung der Kreativitätsdiagnostik in eine allgemeine Persönlichkeitsdiagnostik einzugehen ist. Wie noch zu zeigen sein wird, sind kreative Ansätze durchaus hilfreich, andere Individuen in ihrer momentanen Situation wirklich zu verstehen sowie eine Reihe sozialer Angelegenheiten und Phänomene zu handhaben und erfolgreich zu bewältigen.

2 Intelligenzforschung und Intelligenzmodelle

Nach Auffassung vieler Wissenschaftler und angesichts ihrer vorliegenden Befunde ist die Intelligenz eine wichtige Voraussetzung, um so etwas wie Problemlösefähigkeit – oder auch Kreativität, wo die Bezeichnung passt und angebracht ist – zu initiieren und zu entwickeln. Untersuchungsergebnisse aus den einschlägigen Studien über kreative Leistungen erbrachten korrelative Beziehungen von einer mittleren oder moderaten Größe um $r = 0{,}30$ und wiesen damit auf einen statistisch bedeutsamen Zusammenhang zwischen den bewerteten kreativen Leistungen und dem Gesamtpunktwert eines Intelligenztests hin. Da i. d. R. auch die einzelnen Intelligenzfaktoren untereinander in einer positiven korrelativen Beziehung mit etwa vergleichbarer Größe und Ausprägung standen, darf davon ausgegangen werden, dass ein ganzes Bündel an intellektuellen Fähigkeiten den korrelativen Zusammenhang zur Kreativität erzeugte, wenngleich der Einfluss einzelner Intelligenzfaktoren in der Forschung umstritten war und für lebhafte Diskussionen sorgte.

Vielleicht macht es daher Sinn, sukzessive und stufenweise die Intelligenz als mentale Leistung vorzustellen und in dieser Abfolge auf die vorliegenden Erkenntnisse zu den Intelligenzgrößen als Verursacher mentaler Leistungen nebst ihren Theorien und Modellen einzugehen.

Vorab sei noch erwähnt, dass es für jede Theorie oder für jedes psychologische Konstrukt notwendig ist, die Inhalte zu klären, um die Augenscheinvalidität als thematischen Rahmen für weitere empirische Nachforschungen festzulegen. Am besten funktioniert das durch Befragungen von Laien als auch Experten, was sie unter Intelligenz im Allgemeinen verstehen und welche konkreten mentalen Prozesse sie der Intelligenz zuordnen. Nach den Aussagen der Intelligenzforschung sind sich Experten wie Laien ziemlich darin einig, wenn sie nach ihrer Ansicht und Meinung über eine „ideale" intelligente Person gefragt werden, worauf die hohen Zusammenhangsmaße als Korrelationen hinweisen (s. Sternberg, 1985, S. 64).

H. Wienkamp, *Kreativitätsdiagnostik*, https://doi.org/10.1007/978-3-662-68927-1_2

Im Unterschied zu diesen impliziten Theorien, die eher eine Ansichtssache über Intelligenz oder intelligente Menschen als Projektionen sind, widmet sich die wissenschaftliche Intelligenzforschung verstärkt der Aufdeckung von Intelligenzstrukturen und Verursachungsfaktoren als (oder für) Intelligenzleistungen und setzt zur Überprüfung ihrer (expliziten) Theorien und Modelle empirische Untersuchungen mit anschließender objektiver mathematisch-statistischer Auswertung ein. Ein beliebtes Auswertungstool sind Faktorenanalysen (s. stellvertretend für multivariate statistische Verfahren z. B. Tabachnick & Fidell, 2007), die die Vielfalt der Einzel- und Testergebnisse nach sogenannten Hauptkomponenten als Verursacher durchforsten und sie als solche identifizieren und ihre Existenz davon abhängig machen, inwieweit sie die Variabilität oder Varianz in den Testergebnissen erklären und definierten Intelligenzfaktoren zuordnen können. Je nach Fragestellung kommt es zu jeweils eigenständigen Operationalisierungen, in denen sich die Suchrichtung in Abhängigkeit von den modelltheoretischen Überlegungen wie Annahmen oder Hypothesen offenbart.

2.1 Überblick über klassische Intelligenzmodelle und Intelligenzfaktoren

Zu Anfang herrschten in der Psychologie unterschiedliche Vorstellungen darüber, was Intelligenz bedeutet und ausmacht, wenn die eher banale Sichtweise, Intelligenz sei das, was ein Intelligenztest misst, nicht zieht und ignoriert wird. Alle psychometrisch gewonnenen Intelligenzmodelle sind mehr oder weniger das Ergebnis von Faktorenanalysen, die den Ereignisraum der Testergebnisse nach Einfluss- oder Verursachungsfaktoren, also nach Intelligenzfaktoren, zerlegten.

Ein früherer Ansatz ging von einem Generalfaktor (g) für Intelligenz aus, der die mentale Energie für geistige gedankliche Leistungen produziert und für die Aktivitäten in diversen Subfaktoren der Intelligenz verantwortlich ist. Zu diesen Subfaktoren gehören z. B. 1) Lesen und Verstehen, 2) Wortflüssigkeit in der Anwendung der Sprache, 3) Zahlenverständnis und Kalkulationen, 4) räumliches Vorstellungsvermögen usw.

Ein ganz anderes Modell ging „bottom-up", anstatt „top-down", vor und orientierte sich an den geistigen Qualitäten und Abläufen, indem mentale Leistungen nach Ergebnissen, Inhalten und Operationen aufgefächert wurden, was in dem Modell von Guilford (1964; zit. nach Preiser, 1976, S. 54 ff.) nachher zu 120 „Aktivitätszellen" geistiger Fähigkeiten und Tätigkeiten führte. Für einen Großteil dieser Aktivitätszellen ließen sich auch empirische Nachweise aus der Forschung und Praxis erbringen. Faktorenanalysen führten im Anschluss daran zur Extraktion von Hauptfaktoren intelligenter Leistungen wie 1) Gedächtnisleistungen, 2) konvergentes Denken für das Ziehen logischer Schlüsse als einzig richtiges oder naheliegendes Ergebnis für Urteile und Entscheidungen, 3) divergentes Denken für das Erzeugen von neuen Gedanken, kreativen Ideen und Assoziationen aus vorliegenden Informationen mit mehreren möglichen Lösungsalternativen, 4) Evaluationen für Reflexionen und Kontrollen und 5) sonstige Kognitionen wie Wahrnehmungen, Imaginationen etc.

Andere Modelle der Intelligenz gaben sich mit gröberen Strukturen oder Klassifikationen zufrieden, wie z. B. eine Differenzierung zwischen sprachlich-wissensbasierter Intelligenz und praktisch-technischer Intelligenz oder zwischen der „fluiden" und der „kristallinen" Intelligenz mit ihren divergenten eigenständigen Funktionen und Prozessen.

Fluide Intelligenz repräsentiert das induktive Denken, das zu logischen Schlussfolgerungen führen oder beitragen soll. Umgangssprachlich ist diese geistige Tätigkeit auch mit der Lösung von „Denksportaufgaben" zu übersetzen oder zu beschreiben. Häufig werden in den Testaufgaben bestimmte Bedingungen oder Prämissen vorgegeben, z. B. eine Zahlenreihe mit der Folge 3, 6, 9, usw., die einer bestimmten Regel folgt, die der Proband aus einer Auswahl an Alternativen abzuleiten und die Zahlenreihe mit dem nächsten (korrekten oder richtigen) Glied zu komplettieren hat.

Zur fluiden Intelligenz gehört auch das deduktive Denken. Solche geistigen Aktivitäten verlangen „Abstraktionsleistungen", indem von einzelnen Teilen auf das „große Ganze" z. B. über Zusammenfassungen oder Klassifikationen zu schließen ist, was als Kategorisierung oder Strukturbildung zu bezeichnen wäre, um eine Verbindung zwischen Element und Kategorie herzustellen. Ebenso fallen darunter lineare Transformationen, wie z. B. (A > B) und (B > C)=> (A > C), sowie konditionale Bedingungen und Herleitungen z. B. in Form von „Wenn–dann-Aussagen".

Kristalline Intelligenzleistungen widmen sich dagegen der Sprachanwendung und dem Verstehen von Texten. Entweder geht es um die „Kunst des Vokabellernens" oder es sind aus Textpassagen mit unbekannten Wörtern die mitgelieferten Hinweise zu entschlüsseln und die mögliche Bedeutung des neuen unbekannten Wortes zu erschließen. Um bei diesen vielen Modellen und Submodellen oder Facetten der Intelligenz (aus der schon zitierten Fachliteratur) noch den Überblick zu behalten, sei hilfsweise auf Tab. 2.1 verwiesen.

Andere Modelle gehen von einer genetisch bedingten Komponente der Intelligenz in Konkurrenz zu einer kulturell-sozialen Einflussnahme aus (s. z. B. Wewetzer, 1984).

Von den einzelnen Qualitäten der Intelligenz dürfte die in der Praxis so wichtige und alles entscheidende Problemlösefähigkeit abhängen. Nur: Komplizierte oder komplexe Problemlösungen setzen einen dezidierten und disziplinierten Prozess voraus, wenn sie wirksam und auf Dauer tragfähig und erfolgreich sein wollen. Für mehr Klarheit und Transparenz kann ein „Prozessmodell" kognitiver Leistungen und Prozesse sorgen, das folgenden Sequenzen folgt:

Tab. 2.1 Schema zur Einordnung ausgewählter Denkstile als Facetten der Intelligenz

Nr.	Modell oder Design	Beispiel	Anmerkung
1	Generalfaktor – Subfaktoren	Intelligenzquotient (IQ) vs. z. B. Gedächtnisleistungen	Mehrere Subfaktoren ergeben den Generalfaktor
2	Analytisches – Schlussfolgerndes Denken	Detailorientierte Nachforschungen und Auswertungen vs. Synthesebildung	Es gilt: These + Antithese = Synthese
3	Fluide (flüssige) – Kristalline Intelligenz	„Denksportaufgaben" vs. Vokabellernen	Logische Gedankenführung gegenüber Sprachanwendungen (Exegesen) bei notwendigem Vorwissen
4	Induktives – Deduktives Denken	Problemlösung finden und Entscheidung treffen vs. Abstraktionen durch Zusammenführung (Klassenbildung) und Transformationen (z. B. „Wenn, dann")	Richtung: einmal „bottom-up", zum anderen „top-down"
5	Divergentes – Konvergentes Denken	Ideengenerierung vs. Prüfung und Bewertung (Evaluation)	Divergentes Denken = multidimensionales Denken bzw. Kreativität (?)
6	Sprachlich-wissensbasierte – Praktisch-technische Intelligenz	Lernen aus neuen Informationen plus (Vor-)Wissen vs. Anwendung von Know-how („Gewusst wie")	Verknüpfung von Alt und Neu sowie Transfer auf neue Problemstellungen
7	Soziale – Pragmatische Intelligenz	Umgang mit Menschen in sozialen Situationen vs. Taktisches Geschick	Subjektives Erleben im Vergleich zur situativ-objektbezogenen „Welt"

1) Wahrnehmung und Erkenntnis, ob überhaupt ein zu lösendes Problem vorliegt, und wenn ja, um welche Art von Problem es sich handelt. „Scheinprobleme" anzugehen oder der Versuch, die „falschen Probleme" zu lösen, haben noch nie funktioniert und sind reine Zeit- und Ressourcenverschwendung.
2) Komplexe Probleme bedürfen einer sorgfältigen Analyse nach z. B. „Ursache–Wirkung" oder wie in der Medizin nach Krankheit und Symptomen (oder im diagnostischen Prozess genau anders herum). Erst wenn alle Details, Beziehungen und Verästelungen offen „auf dem Tisch liegen", kann die Suche nach einer Problemlösung ihren Anfang nehmen.
3) Zusammenfassungen, Kategorienbildungen oder Ausschluss von Elementen als gedankliche Abstraktionen ergeben eine Handlungsstrategie, die bestimmten

Zielvorstellungen folgt. Handlungsziele sind dann das Produkt der Synthesefähigkeit und geben einen Lösungsweg als sich anbietende Abfolge von Teilschritten vorgeben, also was jetzt und als nächsten konkret zu tun ist, was im Allgemeinen als Handlungsstrategie zu bezeichnen wäre. Zuweilen ist auch das Ausprobieren über „Versuch–Irrtum–Verhalten" und der „Blick von oben" oder auf das Ganze („the big picture") vonnöten und gefordert.

4) Da Fehler oder Irrtümer während des Handlungsprozesses nie vollkommen auszuschließen sind, muss eine Prozesskontrolle und Selbstreflexion zum Abschluss erfolgen – am besten über Plausibilitätsprüfungen oder, falls möglich, über externes Feedback.

2.2 Weiterführende Modelle

Nicht nur die „klassischen" Intelligenzmodelle prägen den aktuellen Stand der Intelligenzforschung. Neben diesen historischen Konzepten liefern mittlerweile, und auch immer wieder, neue Ansätze zusätzliche Erkenntnisse, die anscheinend mehr „hinter den Kulissen" forschten und sich u. a. auch auf Metakognitionen stützten. Metakognitionen könnten als Mediatoren bisher verborgene Zusammenhänge und Verbindungen zwischen den Intelligenzfaktoren als Prädiktoren oder unabhängige Variablen (UV) und den beobachtbaren Intelligenzleistungen oder Testergebnissen als abhängige Variablen (AV) aufklären bzw. als Korrelationen nachweisen.

Aber nicht nur diese intervenierenden Variablen als Mediatoren prägen nach den geltenden Vorstellungen das Geschehen, sondern es sind im Rahmen von mentalen Leistungen oder Vergleichbarem auch ganz andere Faktoren zu berücksichtigen, die nicht unbedingt den kognitiven oder geistigen Informations- und Verarbeitungsprozessen zuzurechnen sind. Eher entstammen sie dem gefühlsmäßigen oder emotionalen Erlebnishintergrund, also dem *„emotionalen Gedächtnis"*, die parallel zu den mentalen Bearbeitungsprozessen genauso gut an der Urteilsbildung oder Entscheidungsfindung in bedeutsamen Situationen oder bei schwierigen Problemkonstellationen mitwirken. Intuition, hedonistische Einflüsse und der Gebrauch von sowohl kognitiven Heuristiken als auch affektbezogenen Entscheidungsbasen wie z. B. die *„Affektheuristik"* von Slovic et al. (2009) sind hierfür die entscheidenden psychologischen Mechanismen.

2.2.1 Metakognitionen als Mediatoren

Metakognitionen unterstützen manifeste kognitive oder mentale Leistungen durch Voraussagen, Planungen, Steuerung (oder Monitoring), Vorstellungsvermögen oder Imaginationen, Elaborationen durch z.B. Ausprobieren im Sinne von „Versuch und Irrtum" und Kontrollen zur Selbstüberprüfung oder Reflexion, worauf insbesondere Sternberg (1985, S. 23 und 80 ff.) hinwies.

In den Metakognitionen spiegelt sich die allgemeine Intelligenz, die insbesondere das *„Coping"*, nämlich neue Herausforderungen oder Probleme mit den vorhandenen Mitteln oder Ressourcen zu bewältigen und damit erfolgreich umzugehen, bestimmt (was auch als *Resilienz* zu verstehen und zu bezeichnen wäre) – anders als bei der Bearbeitung schon bekannter Aufgaben, bei denen Expertise, Geschicklichkeit durch Übung und Schnelligkeit sich als Leistungs- und Erfolgskriterien zeigen (vgl. Sternberg, 1985, S. 77).

Vielfach besteht die Annahme, dass Metakognitionen vom Unterbewusstsein profitieren und durch Einsichten („insights"), Eingebungen (als neue Ideen) oder Gedankensprünge Unterstützung finden. Ähnlich den Erkenntnissen aus der Gestaltpsychologie können Perspektivenwechsel, Einstellungsänderungen o. Ä. neue andere Gestalten oder Figuren vor bestehendem Hintergrund (das wäre das Erfahrungswissen) erzeugen. Umstritten ist allerdings, inwieweit diese theoretischen Annahmen verifizierbar sind (s. Sternberg, 1985, S. 79 f.).

Unter die Funktionalitäten der Metakognitionen fällt gemäß Sternberg (1985):

(1) das Dekodieren, nämlich wichtige von unwichtigen oder belanglosen Informationen zu trennen;
(2) selektives Kombinieren, um Details zusammen mit anderen Informationen eine tiefere Bedeutung zu geben und sie zu einem in sich schlüssigen Bild zusammenzuführen; so führt z. B. in der Medizin nicht nur ein Symptom zu einer Krankheitsdiagnose, sondern häufig mehrere Symptome;
(3) selektive Vergleiche von neuen Erkenntnissen mit dem vorhandenen Wissen (also dem „Altwissen") erhöhen das Know-how und sind das, was Expertentum ausmacht.

Mithilfe dieser kognitiven oder gedanklichen Operationen ergibt sich für ein Individuum das, was eine erfolgreiche Handlungsstrategie ist und sie beflügelt, die sich auf die Planung und Steuerung und auf Entscheidungen auf der Basis richtiger, realitätsbezogener Urteile bei ihrem konkreten Verhalten stützt und verlassen kann. Zu bedenken ist noch, dass neues Wissen noch keine Garantie ist für eine erfolgreiche Aufgabenbewältigung oder Problemlösung, wenn diese Metakognitionen unzureichend ausgebildet sind oder nicht angemessen funktionieren (vgl. Sternberg, 1985, S. 110).

Ob Metakognitionen die intellektuellen Leistungen, z. B. dargestellt in den Schulnoten als Erfolgskriterien (oder AV), beeinflussen, kann methodisch über eine „multiple lineare Regressionsanalyse (MLRA)" nach dem Ansatz von Barron und Kenny (1986) zur Untersuchung von Moderator- oder Mediatoreffekten erfolgen. Bei diesem methodischen Konzept liegen, wie bei jeder MLRA, einmal bestimmte Prädiktoren als unabhängige Einflussgrößen (oder UV) vor. Zum anderen – in Anlehnung an das Modell zum möglichen Einfluss von intervenierenden Variablen – gibt es einerseits *Moderatoren* (z. B. das Geschlecht oder das Alter). Moderatoren bestimmen graduell den Einfluss der UV auf die AV, wenn z. B. ältere Schulkinder tendenziell bessere Testergebnisse erzielen als jüngere Schulkinder. *Mediatoren* sind andererseits die im Hintergrund wirkenden psychologischen

Konstrukte (wie z. B. die Prüfungs- oder Testangst), die einen dominanten Einfluss ausüben können und über theoretische bzw. hypothetische Annahmen (Hypothesen) aufzuspüren sind.

Unabhängige Prädiktoren (als UV) können nach einem Beispiel von Barron und Kenny (1986) in diesem Modell z. B. eine Instruktion als Lernhilfe mit der Versuchsvariante *„ja"* oder *„nein"* sein, die abhängige Ergebnis- oder Kriteriumsvariable z. B. das Ergebnis an Punkten in einem Leistungstest. Als intervenierende Variablen kam einmal als Moderator die Zugehörigkeit zu einer sozialen Klasse, wie z. B. ein Kind *mit* oder *ohne* Migrationshintergrund, in Frage, und zum anderen als Mediator die Prüfungsangst als psychologisches Konstrukt, die z. B. über einen Persönlichkeitstest mit der Merkmalsskala „Prüfungsangst" zu messen war. Mitunter kann es vorkommen, dass der Einfluss auf die abhängige Variable „Ergebnis im Leistungstest" allein von dem negativen Einfluss des Mediators „Prüfungsangst" abhängt und bei Kontrolle dieser intervenierenden Variable der Einfluss des Prädiktors „Lernhilfe ja oder nein" statistisch unbedeutend wird oder sogar gegen Null tendiert.

In Verbindung mit Mediatoren stehen auch die Metakognitionen, die den Einfluss von einer oder mehreren unabhängigen Variablen moderieren, wie z. B. der Vokabelwortschatz in einer Fremdsprache oder das Leseverständnis bei einem Text mit unbekannten Wörtern, was sich bei Textexegesen mit hermeneutischem Hintergrund zeigt und sich feststellen lässt. Der Einfluss dieser unabhängigen Variablen auf eine Kriteriumsvariable wie z. B. die Schulnote könnte möglicherweise von Metakognitionen überlagert sein und moderiert werden, was zu diagnostizieren wäre.

Wirksamkeit erlangen Metakognitionen z. B. durch Dekodieren oder Entdecken von wichtigen Informationen oder beim Kombinieren dieser neuen Informationen, indem sie abstrakte Bezüge herstellen und z. B. über Ursache-Wirkungs-Mechanismen (auch mit Hilfe der derzeit bekannten „Wenn-Dann-Aussagen") ihre Bedeutung entschlüsseln. Zu guter Letzt sind die neu gewonnenen Erkenntnisse mit dem vorhandenen Wissen zu vergleichen und, so gut es geht, auf Plausibilität zu prüfen. Zusammen mit den anderen Variablen UV und AV wäre die Ausprägung der Metakognitionen zu operationalisieren und zu erfassen und im Rahmen eines Gesamtmodells darzustellen, und die einzelnen Effekte auf die AV wären zu berechnen.

Als Resultat solch einer Analyse könnte sich ergeben:

a) Die Mediatorvariable (oder hier die Metakognitionen) hat keinen Einfluss auf das Außen- oder Erfolgskriterium (z. B. die Schulnote).
b) Der Mediator übt einen partiellen Einfluss auf die Kriteriumsvariable oder das Erfolgskriterium aus, wenn die Regressionskoeffizienten der UV (z. B. Vokabelwissen) kleiner werden und an Gewicht verlieren, sodass der Mediator als Metakognition einen ggf. statistisch signifikanten Einfluss auf die AV erwirbt und hat.
c) Der Mediator bzw. die Metakognitionen üben auf das Erfolgskriterium als AV einen totalen Einfluss aus, sodass die unabhängigen Prädiktoren nur noch einen statistisch bedeutungslosen oder sogar gar keinen Einfluss mehr ausüben und die Mediatorvariable ganz allein zur Varianzaufklärung beiträgt.

Unschwer ist festzustellen, dass die hier beschriebenen Metakognitionen sich direkt auf die Teilschritte oder Sequenzen im „Prozessmodell intellektueller Leistungen“ (s. Abschn. 2.1) beziehen und die Handlungsweisen mit speziellen kognitiven Inputs als Fähigkeiten zur allgemeinen Problemlösung bereichern und unterfüttern.

Ob auch die „praktische Intelligenz“, wie sie Sternberg (1985, S. 267 ff.) skizzierte, eine gewisse Nähe zu den Metakognitionen aufweist, ist Ansichtssache. Fest steht, dass diese Intelligenzform nicht mit den Intelligenzquotienten (IO) bedeutsam korrelierte und ihr Know-how oder das „Gewusst wie“ aus anderen Kontexten oder Lebensbereichen gewinnt und überträgt. Meistens zeigte sich „praktische Intelligenz“ (hier „pragmatische Intelligenz“ genannt; s. Tab. 2.1) durch sehr intime und genaue Kenntnisse des betroffenen Lebensbereiches wie z. B. der Berufs- oder Arbeitswelt, in der ein „taktisches Geschick“ bei neu aufgetretenen Problemen erfolgreich zur Anwendung kam.

2.2.2 Affektive Einflussfaktoren bei neuen Problemen

Zusätzlich zu den kognitiven Faktoren, nebst den Metakognitionen für besondere intellektuelle Leistungen, wirken in vielen Problemlösungsversuchen auch emotionale oder affektive Einflussgroßen als „Inputgeber“ mit. Sie geben in vielen kritischen Situationen dem Individuum eine vom Gefühl abhängige Orientierung als Entscheidungs- oder Handlungshilfe, von der im Zweifelsfalle gerne Gebrauch gemacht wird.

In der Forschung ist von *Intuition* oder *„intuitiver Intelligenz“* die Rede, wenn emotionale Impulse bei Verhaltensreaktionen gemeint sind. Im Volksmund sind die Bezeichnungen wie „den richtigen Riecher haben“ oder „das Bauchgefühl“, das sich als körpereigenes Gefühl bei wichtigen Entscheidungen bemerkbar macht, gebräuchlich. Alles in allem begleiten Gefühle den Entscheidungs- oder Verhaltensablauf und geben diesem Prozess eine wichtige Orientierung. Besonders zeigen sich emotionale Empfindungen, wenn urplötzlich eine „gute“ Idee das Bewusstsein erreicht und nach der Euphorie eine tiefe entlastende Entspannung eintritt, die als sehr angenehm erlebt wird.

Auch *Heuristiken* als sogenannte Daumenregeln kommen als Orientierungshilfe bei Entscheidungen oder Problemlösungen gelegentlich oder häufig zum Einsatz, wenn andere verhaltensrelevante Informationen fehlen. Heuristiken basieren einerseits auf Erfahrungswissen aus der Vergangenheit, und der Entscheidungsträger richtet sich nach dem, was ihm bekannt vorkommt oder vertraut ist. Andererseits spiegelt sich in der durch die Anwendung der Heuristik favorisierten Alternative auch die Intuition oder das Bauchgefühl der betroffenen Person wider, denen er unwillkürlich folgt. Heuristiken sowie die Intuition entstammen dem „emotionalen Gedächtnis“ bzw. sie sind Teile davon.

Nicht in allen Fällen ist bei intuitiven Entscheidungen oder Reaktionen der Erfolg garantiert. Wie die Forschung gezeigt hat (s. z. B. Kahneman, 2012), wirken bei gefühlsbetonten Reaktionen auch hedonistische Einflüsse mit, die ganz anderen psychologischen Mechanismen gehorchen. So ist z. B. die Bequemlichkeit oder auch „Denkfaulheit“ in diesem Kontext genannt, sowohl beim Denken als auch beim Handeln ein gern befolgter Einflussgeber, der zu gedanklichen Kurzschlüssen und damit auch zu Fehlern im Verhalten führt. Verantwortlich ist hierfür das *„System 1“*, das auf spontane Weise, also ohne großartig über die Situation nachzudenken, bestimmten hedonistischen Impulsen folgt und Handlungen nahelegt, die sich dann als falsch oder fehlerhaft herausstellen. Bei Aktivierung von *„System 2“* als das langsamere, aber gründlichere kognitive System, das auf Analysen und Prüfungsprozeduren beruht und setzt, stellen sich dann im Nachhinein diese Kurzschlüsse des „Systems 1“, aufgedeckt vom „System 2“, als Fehler oder menschliche Schwäche heraus.

Ein gern gewähltes Beispiel stammt aus dem Roulettespiel: Wenn in mehreren Spielrunden hintereinander dieselbe Farbe (z. B. Rot) erscheint, ist ein Spieler geneigt, beim nächsten Spiel unwillkürlich und instinktiv auf die andere Farbe (Schwarz) zu setzen, weil er irrigerweise annimmt, sie wäre jetzt an der Reihe und würde höchstwahrscheinlich auftreten. Solche Fehlannahmen sind dem „System 1“ mit seiner Spontanität geschuldet, denn „System 2“ würde richtigerweise darauf hinweisen, dass die Wahrscheinlichkeit für eine Spielfarbe in jeder Spielrunde mit 0,50 gleich hoch ist und bleibt.

Entscheidungssituationen sind zuweilen undurchsichtig und mit viel Unsicherheit behaftet. Eine mögliche Reaktion wäre, über den Mechanismus der „Affektheuristik“ (s. z. B. Slovic et al., 2009) die Ambivalenz „auf die Spitze zu treiben“ und nach einem bewusst einfachen Schema, nämlich entweder „gut“ oder „schlecht“ oder „machen“ oder „nicht machen“, zu verfahren. Die Affektheuristik ist ein „künstlicher“ Abstraktionsvorgang, der ein komplexes oder intransparentes Problem auf eine einfache alternative Bewertung, die zur Handlung oder Entscheidung führt, reduziert.

Eins sei in diesem Zusammenhang noch erwähnt und klargestellt: Die in der populärwissenschaftlichen Literatur vagabundierende „emotionale Intelligenz“ hat wenig oder (fast) nichts mit Intuition in diesem kognitiv-affektiven Sinne zu tun, sondern findet nur in interpersonalen oder sozialen Interaktionen ihren Einsatz. So ist es z. B. „emotional intelligenter“, nicht alles einem Gesprächspartner oder Bekannten zu sagen, was man denkt und nachher bereuen würde.

2.3 Resümee

Intelligenzmodelle gibt es in unterschiedlichster Struktur und Vielfalt, die die Zuordnung einzelner qualitativer Leistungen gestatten und erleichtern. An den Modellstrukturen waren meist Faktorenanalysen als Auswertungsmethode maßgeblich beteiligt, die die empirischen Testergebnisse nach Hauptkomponenten zerlegten und die Variabilität in den individuellen Ergebnissen bündelten zu Intelligenzfaktoren. Bekannte Intelligenzfaktoren sind z. B. die fluide Intelligenz für das induktive (flüssige) Denken und Schlussfolgern und die kristalline Intelligenz, die für das im Gedächtnis gespeicherte Wissen (wie z. B. der Wortschatz) und für den Erwerb neuer Informationen, wie z. B. das Lernen von neuen Vokabeln einer Fremdsprache, verantwortlich ist.

Hilfreich für das Verständnis von Intelligenz und ihre praktische Anwendung ist auch eine Strukturierung als Prozessmodell.

Metakognitionen konnten die Intelligenzforschung bereichern und die hinter den Kulissen agierenden Verursachungsfaktoren intelligenter Leistungen (Metakognitionen als Mediatoren) aufdecken und identifizieren. Ihre wichtigsten Funktionsweisen sind das Dekodieren von Informationen, das selektive Kombinieren und das selektive Vergleichen, woraus neue Erkenntnisse entstehen. Menschen, die die Anwendung von Metakognitionen beherrschen, sind beim Coping neuer Herausforderungen und Probleme mit dem Einsatz ihrer natürlichen Stärken und Talente erfolgreicher und finden leichter zu einer angemessenen zielorientierten Handlungsstrategie. Coping in diesem Sinne ist daher eng mit der Resilienz verbunden.

Dass Gefühle oder Affekte Intelligenzprozesse begleiten, ist eine Selbstverständlichkeit. Im Zweifelsfalle geben sie den Individuen Orientierung in undurchsichtigen Entscheidungssituationen. Intuition oder „intuitive Intelligenz" geht z. B. vom „Bauchgefühl" aus und ist körperlich fühlbar.

Heuristiken als „Daumenregeln" o. Ä. spenden ebenfalls in unklaren Situationen Orientierung und geben aktive Hilfestellung im Verhalten, da die Personen auf ihre vertrauten Erfahrungen oder auf ihr gespeichertes Wissen im Gedächtnis zugreifen können.

Der Gebrauch von Heuristiken sollte allerdings nicht mit hedonistischen Einflüssen verwechselt werden, die die betroffenen Menschen auf die „falsche Fährte" locken können, wenn sie diesen Verlockungen z. B. aus Denkfaulheit oder Bequemlichkeit nachgeben. Zu den kognitiv-emotionalen Einflüssen zählt auch die „Affektheuristik", die den Entscheidungsträger zu einem „Schwarz-weiß-Denken" anregt und verleitet, um aufgrund seiner im „emotionalen Gedächtnis" gespeicherten Erfahrungen überhaupt zu einer Entscheidung zu kommen. Völlig fehl am Platz wäre es, im Zusammenhang mit kognitiven Prozessen von „emotionaler Intelligenz" zu sprechen.

Kreativität

3

Kreativität ist als psychologisches Merkmal in vielen Situationen gefragt, ob nun bei der Arbeit oder zu Hause bei Problemen im Privatleben. Sicherlich strebt jeder Mensch bei neuen unbekannten Problemen kreative Lösungen an oder geht davon aus, dass er oder sie diese Eigenschaft besitzt, wenn es ihm oder ihr gelang, die nicht unbedingt leichten neuen Herausforderungen zu bewältigen, und bei anderen Personen auf ein positives Echo stieß.

Kreativität war und ist in der psychologischen Forschung immer noch ein schwieriges Terrain. Erst mit Guilford (1950) und seinem damals Aufsehen erregenden Beitrag, der „den Finger in die Wunde legte" und die bis zu diesem Zeitpunkt stark vernachlässigte Kreativitätsforschung beklagte, nahm die Kreativitätsforschung an Fahrt auf. Anscheinend übersah bislang die wissenschaftliche Psychologie, dass Kreativität abhängig ist von bestimmten Persönlichkeitseigenschaften, über die jeder Mensch in unterschiedlicher Ausprägung verfügt. Mithilfe eines bestimmten Eigenschaftsmusters kommt nach diesem Verständnis kreatives Verhalten zustande, egal in welcher Disziplin oder Domäne (und mit Ausnahme vielleicht von genialen Leistungen in der Kunst). Falsch wäre auch das Verständnis, dass schon eine hohe Intelligenz Kreativität erzeugt und mit der Intelligenzforschung sich die Erforschung der Kreativität bereits erledigt hätte.

Was allerdings die Erforschung der Kreativität so schwer macht, ist ihr spontanes, nicht zu planendes Auftreten, wenn sie wie „höhere Gewalt" oder wie ein urplötzliches Ereignis in Erscheinung tritt. Zudem ist ihre Erscheinungsweise auch nicht allein situationsabhängig, sondern sowohl personen- als auch zeitabhängig. Das heißt nichts anderes, als dass eine Person in einer bestimmten Situation kreativ sein kann, in einer anderen, aber ähnlichen oder vergleichbaren Situation dagegen nicht und jegliche Kreativität vermissen lässt.

Wer von Kreativität spricht, muss auch sagen, was er oder sie darunter versteht, und kommt daher um eine angemessene Definition bzw. ein Verständnis nicht herum. In der psychologischen Forschung sind die Vorstellungen von Kreativität,

H. Wienkamp, *Kreativitätsdiagnostik*, https://doi.org/10.1007/978-3-662-68927-1_3

was kein Wunder oder keine große Überraschung ist, nicht einheitlich. *Originalität, Nützlichkeit* und *Akzeptanz* gelten als die allgemeinen Anforderungskriterien für neue Vorschläge oder Ideen, auf die sich die meisten Experten mittlerweile verständigen konnten.

Kreativität bedarf als Persönlichkeitskonstrukt sehr wahrscheinlich auch der Unterstützung oder des „Flankenschutzes" durch andere Charaktereigenschaften, wie z. B. Selbstvertrauen oder Risikobereitschaft, wenn sie voll wirksam sein soll. Weiterhelfen kann nur eine genauere Analyse, was mit dem Merkmal Kreativität korrespondiert und als Voraussetzung für das Entstehen von Kreativität absolut notwendig ist, wie z. B. ein gewisses Maß an Grundintelligenz, und was für die Kreativität förderlich ist, wie z. B. Neugier und Selbstvertrauen. Idealerweise leistet eine Theorie oder ein Modell diese Arbeit der Beziehungsklärung zu den oder anderen psychologischen Merkmalen inkl. Operationalisierung (s. hierzu auch Kap. 4 und 7). Demnach geht kein Weg daran vorbei, über die Persönlichkeitsmerkmale (inkl. der Intelligenz) der Kreativität als Modell oder Konstrukt näherzukommen und empirische Nachforschungen anzustellen, ungeachtet dessen, wie die relevanten Persönlichkeitsmerkmale zueinander stehen und ob sie miteinander korrelieren. Manche Eigenschaften oder Fähigkeiten werden zur Kreativität eines Individuums eine enge Beziehung haben, andere eher nicht und gegen Null tendieren bzw. nicht korrelieren. Solch ein Beziehungsmuster war bereits für die Intelligenzfaktoren sowohl untereinander als auch zur Gesamtintelligenz, gemessen an dem Intelligenzquotienten (IQ), vorherrschend und typisch.

Aber nicht nur die Person oder die Persönlichkeit steht im Zentrum der Diskussion über Kreativität. Nach dem populären Konzept der „4 × P's", nämlich *„person, process, product, press"* von Rhodes (1962; zit. bei Beghetto & Kaufman, 2022, S. 24), bedingen auch andere Faktoren die Kreativität. Während die Person für die förderlichen Persönlichkeitsdispositionen, wie dargestellt, steht, verbindet sich mit dem Prozess ein chronologischer Ablauf oder ein zeitlich gestaffeltes Stufenkonzept von der Problemfeststellung bis zur Problemlösung. Kreative Produkte sind dann die neuen Ideen oder Vorschläge, entweder als „Mini- bzw. Little C's" oder als „Big C's", wenn Kreativität einmal mit den normalen Alltagsproblemen, zum anderen mit spektakulären und genialen Erfindungen oder z. B. grandiosen Kunstwerken (als die „Big C's") in Verbindung gebracht wurde (s. z. B. Dow, 2022). „Press" steht im Englischen für Antrieb durch die intrinsische Motivation, sich kontinuierlich und wiederholt mit dem gleichen Problem zu beschäftigen, sowie für den äußeren Druck aus der sozialen Umwelt; als deutschsprachiges Synonym könnte daher für „P" das (interessierte) „Publikum" verwendet werden.

Schließlich ist es notwendig, gute kreative Ideen „ans Laufen zu bringen", was dann in der betrieblichen Arbeitswelt in ein regelrechtes Innovationsmanagement mündet. Dies setzt allerdings handelnde Personen oder Akteure voraus, die über genügend Innovationsvermögen, gepaart mit Realitätssinn bzw. Machbarkeitsdenken, verfügen, um diese kreativen Ideen in passende Projekte oder Prototypen umzusetzen und sie bis zur Marktreife zu entwickeln.

3.1 Kreativität als Persönlichkeitskonstrukt

Kreativität ist zwar ein schillernder Begriff und aus vielerlei Gründen „in aller Munde", aber leider sind die Vorstellungen davon vage und unpräzise. Am ehesten können sich Wissenschaft und Praxis noch darauf einigen, dass Kreativität nicht bei standardmäßigen Problemen, auch wenn sie schwierig und anspruchsvoll in der Ausführung sein sollten, sondern nur bei neuen außergewöhnlichen Problemen vonnöten und gefordert ist, auf die sich ein Mensch weder gut vorbereiten oder präparieren kann, noch dass sich bereits im Ungefähren sofort ideale Lösungen abzeichnen. Unstrittig scheint daher zu sein, dass Kreativität ist nicht etwas vollkommen Neues, sie bringt aber Neues wie neue Ideen, Produkte, Theorien etc. hervor und für das interessierte Publikum ist. Damit sich die originelle kreative Idee vom „originalen Unsinn" (Preiser, 1976, S. 3) abhebt, muss die kreative Leistung einen Sinn ergeben bzw. etwas *Nützliches* an sich haben oder einen Mehrwert stiften. Ein Nutzen kann aber nur von einer davon betroffenen Bezugsgruppe objektiv und übereinstimmend beurteilt werden, sodass es bei Kreationen auf das „soziale Echo" oder auf die *positive Resonanz* ankommt. Hohe Übereinstimmung in der Beurteilung des sachlichen Nutzens einer kreativen Idee gilt gleichzeitig als Qualitätsnachweis, den eine „Interrater-Reliabilität" als Indikator (und Ausdruck eines gemeinsamen Verständnisses) anzeigt (s. Hennessey & Amaible, 1988, S. 16).

Erfinder o. Ä. sind laut Guilford (1950), dessen Meinung sicherlich auch viele andere Forscher teilen, eher nicht der eifrige Lerntyp oder sogar Streber, sondern sie haben „ihren eigenen Kopf", was sie zu unorthodoxem Denken oder auch unkonventionellem Verhalten befähigt. Kenntnisse oder Vorerfahrungen hinsichtlich der Materie benötigen sie allerdings, denn Kreativität gedeiht nicht in einem Vakuum! Die herausragende Stärke kreativer Menschen liegt in ihren *Transferleistungen,* wie z. B. Ähnlichkeiten zwischen fremden Dingen oder Fachgebieten zu erkennen und Analogien zu bilden.

Nicht auszuschließen ist, dass die Kreativität eine gewisse Ähnlichkeit mit den bereits vorgestellten Metakognitionen (s. Abschn. 2.2.1) aufweist. Metakognitionen zeichnen sich durch ein Denken und Handeln aus, dass sozusagen „über den Tellerrand" bei der Bewältigung von Aufgaben hinausragt (z. B. bei Text- oder Knobelaufgaben in einem Intelligenztest) und worin sich *hoch-* und *beschränkt intelligente* Menschen maßgeblich unterscheiden. Am ehesten scheinen noch die Ausführungen der Gestaltpsychologie über Kreativität zu greifen und nachvollziehbar zu sein, wenn es auf die Neugestaltung oder „Umformung" eines unvollständigen, nicht zusammenpassenden „Bildes" mit einer Ansammlung willkürlich angehäufter Elemente ankommt. Erst wenn über den kreativen Prozess das ungeordnete Bild zu einer neuen Gestalt oder Figur transformiert wird und „dem Ganzen" oder dem Bild *„ein Gesicht gibt",* das mehr ist als die Summe seiner Teile, darf von einer kreativen Leistung gesprochen werden (vergleichbar mit einem Puzzlespiel).

Kreativität baut auf Erfahrungswissen auf, was bedeutet: Kreativität „fällt nicht vom Himmel"! Aber kreativen Menschen kommt auf der kognitiven Ebene die Güte oder Qualität zu, *„um die Ecke denken zu können“*, um Dinge oder Entwicklungen, die vorher in bestimmter Weise (falsch) gesehen oder verstanden wurden, nun vollkommen infrage zu stellen und von Grund auf und radikal neu zu denken. Oder ein anderer Weg wäre, einen bisher ungewohnten Blickpunkt einzunehmen und auf diese Weise die Situation oder das Geschehen anders zu sehen und ihnen in der Tat neue Bedeutungen zukommen zu lassen. Falls nötig, würde sich auch ein Blick aus der Vogelperspektive, also von oben, anbieten. Auch das wäre kreativ!

Konform geht hiermit die Auffassung, dass es neben den originellen und vielen Ideen auf die adaptive Flexibilität ankommt. Gestützt auf frühere Untersuchungen von Guilford bei Militäroffizieren, die sowohl von erfahrenen Beurteilern als „Interrater“ in sozialen Situationen beobachtet als auch Kreativitätstests unterzogen wurden, stellte sich heraus, dass die von den Beobachtern festgestellten Kreativitätsmerkmale *Originality, Adaptive Flexibility* und *Fluency of Ideas* moderat mit den Ergebnissen in den Kreativitätstests korrelierten (s. hierzu z. B. Barron, 1965, S. 41 ff.).

In sozialen Beziehungen kommt es vielfach, und damit durchaus mit dem Blick aus der Vogelperspektive vergleichbar, auf die Gestaltung der Metakommunikation an, die neben einer aktuellen Problemsensibilität von einer *„kommunikativen Geschmeidigkeit“* (Wienkamp, 2021 a, S. 15) mit kreativen Ansätzen abhängt, um effektiv zu sein (s. Kap. 5).

Bei Kreativitätsbemühungen kann es einmal den „genialen Einfall“ geben, der mehr oder weniger spontan daherkommt und urplötzlich einem Menschen als *„Aha-Erlebnis“* ins Bewusstsein stößt. Kreativität kann aber auch zum anderen das *„Bohren dicker Bretter“* bedeuten, wenn sich Individuen wiederholt mit ein und demselben Gedanken oder Problem beschäftigen und erst nach sehr vielen Denkversuchen oder „Versuch-Irrtum-Handeln“ den richtigen Weg zur Problemlösung finden oder zumindest eine Ahnung bekommen, in welcher Richtung sie zu suchen haben (worauf in der Vergangenheit bereits Hennessey & Amaible, 1988, S. 19, hingewiesen haben).

In der wissenschaftlichen Forschungsliteratur stand Kreativität als Persönlichkeitsmerkmal ebenfalls häufig im Fokus. So erstellten die Kreativitätsforscher Extremgruppenvergleiche zwischen einerseits *„Kreativen“* und andererseits *„Nichtkreativen“* an. Mit einem ausgesuchten Merkmalsprofil unterschiedlicher Persönlichkeitsmerkmale verbanden sie die Hoffnung, auf statistisch signifikante Differenzen in den Persönlichkeitsmerkmalen zu stoßen (s. z. B. das Persönlichkeitsprofil auf der Basis von Regressionskoeffizienten identifizierter Merkmale kreativer Personen von Cattel et al.; zit. bei Schuler & Görlich, 2007, S. 12 f.). Andere Kreativitätsstudien beschäftigten sich mit Korrelationsanalysen und setzten kreative Leistungen vornehmlich mit Intelligenz in Beziehung (s. hierzu Abschn. 3.2). Korrelationsrechnungen liefern ebenso wie Faktorenanalysen (s. Abschn. 2.1) keine kausalen Schlussfolgerungen und Begründungen, sondern stellen nur Beziehungsmuster her.

Es dürfte nicht überraschen, dass die Kreativität häufig mit der Intelligenz bzw. den Intelligenzfaktoren in korrelativen Zusammenhängen stand. Korrelationen zwischen diesen beiden kognitiven Leistungen sind allerdings stichprobenabhängig, d. h., bei einer Zufallsstichprobe mit *gemischt intelligenten* Probanden ergaben sich relativ hohe Korrelationen bis $r = 0{,}70$, dagegen tendierten die Korrelationskoeffizienten bei einer Gruppe von *Hochintelligenten* gegen Null. Bei Hochbegabten stiftet die Intelligenz keinen zusätzlichen Beitrag oder Mehrwert mehr für die Realisierung kreativer Leistungen (s. Preiser, 1976, S. 52), weil einfach alle Probanden hochintelligent waren und sich in diesem Merkmal keinerlei Varianz ergab – und folglich auch keine Korrelation als Zusammenhangsmaß!

Während in der Intelligenzforschung das „divergente Denken" für die Entwicklung naheliegender, mehrerer logischer Schlussfolgerungen aus vorhandenen Informationen steht (s. Abschn. 2.1), lässt sich die Kreativität als das *Denken in verschiedenen Richtungen* und *dem Suchen nach noch offenen alternativen Möglichkeiten* definieren, wobei durch die Übertragung oder Transformation diese Informationen, z. B. aufgrund einer Analogiebildung, neue Bedeutungen erlangen (s. Preiser, 1976, S. 57 f.).

Zur Unterstützung dieser Gedankengänge oder mentalen Aktionen bedarf es auch Mut, nämlich „Mut zur Lücke". Konkret ist darunter zu verstehen, einmal frei zu spekulieren, ob die Idee funktionieren könnte, oder einfach dies vorauszusetzen bzw. zu raten, wie es in der Kreativitätsforschung empfohlen wurde („making guesses", s. Dow, 2022, S. 12).

3.2 Mit Kreativität korrespondierende Persönlichkeitsmerkmale

Kreativität ist kein „Selbstläufer" und füllt als Eigenschaft oder Fähigkeit nicht allein den „Merkmalsraum" oder das Merkmalsspektrum aus, sondern sollte immer oder oft mit anderen psychologischen Konstrukten bzw. Persönlichkeitsmerkmalen in Zusammenhang gesehen werden und auftreten. Für eine spätere *Differentialdiagnostik* von Kreativität (s. Kap. 4) ist diese Tatsache, also die Erhebung und Darstellung eines Merkmalsprofils, insofern wichtig, da es die Möglichkeit bietet, Plausibilitätsüberlegungen bzw. Prüfungen bei der Beurteilung kreativer Leistungen oder Begabungen anzustellen und die postulierten Beziehungsmuster zu testen.

Dass Kreativität mit Intelligenz als allgemeine geistige Fähigkeit und Grundvoraussetzung für kreative Leistungen verbunden ist, bedarf nicht noch einer weiteren Hervorhebung und Wiederholung (s. Kap. 2 und Abschn. 3.1). Dennoch ist dieser Zusammenhang nicht einfach „blind" zu übernehmen und hinzunehmen, sondern es traten in den früheren Untersuchungsergebnissen dazu auch einige Einschränkungen auf. So ist es ein bemerkenswerter Befund, dass eine Wechselwirkung zwischen der Intelligenz und der Kreativität bzw. ein gemeinsamer Einfluss auf die Schulleistung sich *nicht* feststellen ließ (s. Preiser, 1976, S. 53). Hochkreative Schulkinder sind anscheinend weniger gut gelitten als hochintelligente Schüler oder Schülerinnen! Möglicherweise sind sie aus Sicht ihrer Lehrkräfte oder Erzieher weniger gut angepasste Kinder und nicht „pflegeleicht".

Passend dazu darf kreativen Menschen eine „Trieblastigkeit" und *Regressionsneigung* im psychoanalytischen Sinne unterstellt werden, die auf das Unterbewusstsein zurückgehen. Konsequenz dessen ist, dass die manchmal geäußerten Ideen und Gedankengänge von „Kreativen" auf andere Personen kindlich und naiv wirkten und bei ihnen für Überraschung oder Verblüffung sorgten und ggf. zunächst auf Skepsis oder Ablehnung stießen (vgl. Preiser, 1976, S. 67 ff.).

Um sich dennoch Gehör zu verschaffen und sich mit diesen ausgefallenen Ideen durchzusetzen, benötigt der kreative Mensch sehr wahrscheinlich *Selbstsicherheit* oder Selbstvertrauen und ein gewisses Maß an *Risikobereitschaft* – und, nicht zu vergessen, ein gehöriges Maß an *Selbstmotivation!* Zum Kreieren, Ausprobieren, Herumexperimentieren und um Explorationen oder Erkundungen durchzuführen, bedarf es darüber hinaus *Neugier* als Antriebskraft. *Ambiguitätstoleranz* und Konfliktstärke dürften dann das Persönlichkeitsprofil eines kreativen Individuums abrunden, insbesondere dann, wenn „Durststrecken" oder auch frustrierende Misserfolge zu überwinden sind.

Gerade der Umgang mit Widersprüchen scheint kreative Individuen in besonderer Weise auszuzeichnen. Sie haben im Unterschied zu anderen *keine* Angst davor, dass ihr Weltbild von „richtig" oder „falsch" zusammenbricht, sondern sie können mit „These" und „Antithese" gut umgehen, da es ihr Bestreben ist, Gegensätze auf einer höheren Ebene als „Synthese" zusammenzuführen und zu verbinden (s. Baudson, 2011).

Begleitende Persönlichkeitsmerkmale zur Kreativität sind, wie bereits mitgeteilt, in diversen Auflistungen und Zusammenstellungen u. a. bei Schuler und Görlich (2007) zu finden (s. Abschn. 3.1). Aus der Fachliteratur lassen sich noch folgende Ergänzungen nachtragen, die zumindest überlegenswert sind:

1. Kreativität könnte von der „Liebe" zu einer bestimmten Tätigkeit abhängen, wie es beispielsweise im Bereich der Künste häufig zu beobachten ist. Ein Zitat von Torrance (1988, S. 68) mag diese Anforderung verdeutlichen: *„Being in love with what one is doing"!*
2. Mit der Liebe zu einer Tätigkeit hängt auch die *intrinsische* Motivation zusammen. Sie ist zusammen mit der Selbstbestimmtheit (engl.: self-determination) und der Ausdauer, sich wiederholt und immer wieder für eine bestimmte Tätigkeit zu begeistern und sich mit ihr zu beschäftigen, verantwortlich für kreative Leistungen (s. Hennessey & Amaible, 1988, S. 13).
3. Mehr eine kognitive Herausforderung ist die schon bereits erwähnte Problemsensibilität, die sich hier in der Anforderung zur Redefinition von Problemen oder Aufgaben verbunden mit der Generierung von Hypothesen als eine zusätzliche Facette der Kreativität konkretisiert, wie es Torrance (1988, S. 46 f.) postulierte.

Nicht zu vergessen, ist bei der Schaffung von Kreationen ein eigener Wille, oder ein „freiheitlicher Geist", wie es Tardif und Sternberg (1988, S. 433 ff.) forderten, vonnöten und die Loslösung von einer *„konventionellen Beschränktheit"* (s. z. B. Wienkamp, 2022a, S. 28), die neuen ungewöhnlichen Gedanken oder Ideen bzw. dem unorthodoxen Denken im Wege steht.

Mit Ausnahme der bereits zitierten Studien bei Schuler und Görlich (2007, S. 12 f. und 69) auf der Basis des *„16-PF-Persönlichkeitstest“* von Cattel und Mitarbeitern waren bis zum damaligen Zeitpunkt keinerlei korrelative Beziehungen zwischen der Kreativität und anderen Persönlichkeitsmerkmalen bekannt und quantifiziert worden.

Hennessey und Amaible (1988, S. 32 ff.) wiesen zudem noch ergänzend auf einige Untersuchungen zum Einfluss der *Selbstsicherheit („self-esteem“)* auf die Kreativität hin. Bei unterschiedlichen Umweltweltbedingungen im Experiment (also in der Experimentalgruppe mit Beobachtung und Beurteilung des Verhaltens, in der Kontrollgruppe dagegen ohne) zeigten z. B. scheue oder schüchterne Probanden weniger Kreativität in den gestellten Aufgaben (z. B. beim Schreiben einer Phantasiegeschichte), als wenn sie nicht unter Beobachtung (mit Beurteilung) standen. Probanden mit einem hohen Maß an Selbstsicherheit zeigten sowohl unter Beobachtung als auch in der Kontrollgruppe vergleichbare Kreativitätsleistungen, die über dem Level der Probanden mit niedrigem Selbstvertrauen lagen. Neben der Selbstsicherheit könnte auch eine gut entwickelte *Resilienz,* definiert als „geistige Widerstandsfähigkeit“, beigetragen haben. Kraft und Stärke als Ausdruck eines festen Willens in Verbindung mit genügend eigenen Ressourcen dienen der Selbstregulation (und der Selbstwirksamkeit) beim Umgang mit belastenden, stressigen Herausforderungen (s. z. B. Kuhl, 2010, S. 377).

Im negativen Sinne sei im Hinblick auf „Kreativitätsbarrieren“ noch erwähnt, dass komplexe und im Negativen sich bemerkbar machende Gedanken oder „Sets“, wie die *„funktionale Gebundenheit“* als die Unfähigkeit, einen Gegenstand anders zu sehen als zuvor, für die Kreativitätsforschung ebenso von Relevanz waren. Gleicher Sachverhalt gilt auch für die *Rigidität* als Unfähigkeit, einmal erworbene mentale Schemata zu überwinden oder abzubauen (s. Seiffge-Krenke, 1974, S. 101).

3.3 Kreativität als Prozess

Nach der Diskussion über Persönlichkeitseigenschaften in Zusammenhang mit Kreativität bzw. kreativen Leistungen als zu beobachtendes Produkt hat in jüngster Zeit auch der Kreativitätsprozess für Interesse in der Kreativitätsforschung im Allgemeinen und in der Kreativitätsdiagnostik im Besonderen gesorgt. Kreativität könnte sich demnach in Form eines Prozesses über verschiedene Stufen oder Sequenzen abspielen oder ergeben. Entlang der definierten Prozessstufen stellen sich an die Kreativität als Konstrukt und die mit ihr zusammenwirkenden Persönlichkeitsmerkmale sowie kognitiven Fähigkeiten wie der Intelligenz unterschiedliche Anforderungen, die zum einen jeweils separat pro Phase zu untersuchen, zum anderen in einem multimodalen Ansatz oder Design zu operationalisieren wären.

Der Kreativitätsprozess lässt sich in Anlehnung an die herrschende Meinung in der Fachliteratur gemäß Tab. 3.1 organisieren und strukturieren.

Vor dem Hintergrund dieses Prozess- oder Phasenmodells der Kreativität gehören die Sequenzen unweigerlich zusammen und definieren Kreativität auf

Tab. 3.1 Der kreative Prozess

Nr.	Phase	Kreative Leistungen und Verhalten	Schwerpunkt
1	Initialphase	1) Problemwahrnehmung (Sensibilität) 2) Problemidentifikation (Erkenntnis)	=> Infizierung
2	Klärungsphase	1) Erinnerung bzw. Reaktivierung von „Alt- oder Vorwissen“ 2) Redefinition des Problems oder Reorganisation des Wissens (Fragen stellen) 3) Informationssuche und Selektion	=> Vertiefung
3	Konzeptionsphase	1) Imaginationen (Phantasien, gedankliche Vorstellungen) 2) Alternativen-(Hypothesen-)Entwicklung (Perspektivenwechsel, Kombinationen) 3) Ideengenerierung	=> Kreation
4	Verifikationsphase	1) Filterung und Auswahl 2) Testung und ggf. Rückkopplung (Schleifenbildung) 3) Kalkulationen und Bewertung	=> Validierung

der Basis der zu beobachtenden Leistungen und des Verhaltens. Klar ist aber auch, dass der Schwerpunkt oder der Mittelpunkt von kreativen Prozessen in der Konzeptionsphase liegt, da hier durch unterschiedliche mentale Aktivitäten die neuen Ideen (als kreative Leistung oder Produkt) entstehen. Andere Modelle in der Literatur orientieren sich ebenfalls überwiegend an einem „Vier-Phasen-Modell“, nennen aber die hier benannte Klärungsphase *Inkubationsphase* und die Konzeptionsphase *Illuminationsphase*. Eine Operationalisierung der zur Kreativität gehörenden Aktivitäten oder Facetten wäre im Grundsatz durch „lautes Denken“ der Probanden inkl. Beobachtung und Protokollierung möglich, wenn psychometrische Verfahren wie ein Kreativitätstest nicht weiterhelfen.

3.4 Kreativität und Innovationsvermögen

Kreativität geht im Grundsatz der Innovation als eigentlicher Implementierungsprozess voraus; sie ist daher die entscheidende Voraussetzung oder der Auslöser für neue innovative Produkte und Dienstleistungen. Eng verbunden ist die Kreativität im Bereich Wirtschaft und Technik mit dem betrieblichen Wissensmanagement, das die Ressourcen oder Quellen in Form von Wissen enthält und für Kreationen zur Verfügung stellt, die dann von „Menschenhand“ entwickelt und geschaffen werden.

Wenn eine Organisation wie ein Unternehmen sich die Fähigkeit zu Problemlösungen, welcher Art auch immer (z. B. Erfindungen oder Patente), bewahren will, kommt es an kreativen Mitarbeitern oder Mitarbeiterinnen, die die Probleme vor Ort an ihren Arbeitsplätzen oder an der „Kundenfront“ kennen, wahrnehmen und auch aufspüren oder ihnen nachgehen, nicht vorbei. Nur kommen diese Beschäftigten an der Basis in den wenigsten Fällen als „Genie“ auf die Welt oder bringen Kreativität, die dem Betrieb hilft und ihn weiterbringt, nicht so ohne weiteres nach ihrer betrieblichen Ausbildung oder ihrem Studium mit. Nach ihrem Berufseinstieg sind die neuen Mitarbeitenden bis zum Experten oder Spezialisten in ihrer Fachdisziplin durch sowohl *Training on the job* als auch *Training off the job* erst noch zu entwickeln. Daher muss die Personalentwicklung als betriebliche Funktion die Kreativität bzw. die Problemlösefähigkeit als entscheidende und wichtigste betriebliche Anforderung im Blick haben und diese Anforderungsmerkmale durch geeignete Maßnahmen im unternehmerischen Sinne fördern.

Einige Autoren (s. z. B. den Sammelband von Landes et al., 2022) vertreten daher die Auffassung, dass zwischen der Kreativität und den Innovationen zu differenzieren ist, da die Innovation i. d. R. der „kreativen Schöpfung“ oder der neuen Idee folgt. Völlig unbegreiflich ist jedoch in diesem Zusammenhang, dass in der Fachliteratur zwar „lange Listen“ an Persönlichkeitsmerkmalen existieren, die eine kreative Persönlichkeit beschreiben oder kennzeichnen wollen, deren Merkmalsbeziehungen zwar zugegebenermaßen wissenschaftlich mit Pro und Contra als kontrovers beurteilt wurden, aber in den einschlägigen Beiträgen nicht der Hinweis erfolgte, dass angesichts der Schwierigkeiten, Kreativität zu messen (s. Kap. 4), die Forschung zur „kreativen Persönlichkeit“ sich größtenteils noch auf der Ebene der Postulate oder Spekulationen bewegt und zwischenzeitlich veröffentlichte Befunde immer nur mit Vorsicht zu genießen sind und nur einen vorläufigen Aussagewert besitzen!

Geniale Erfinder sind nicht unbedingt „auf breiter Front“ zu erwarten, da die meisten Betriebsangehörigen nicht in den Forschungs- und Entwicklungsbereichen (F&E-Bereichen) als Forscher oder Konstrukteur einsteigen und arbeiten. Aber gerade in der Produktion oder im Marketing bei Kontakt mit dem Kunden sind tagtäglich neue Herausforderungen zu erwarten und zu meistern, die eine spürbare Problemlösungskompetenz voraussetzen. Fortschrittliche Organisationen setzen deshalb auf ein professionelles Innovationsmanagement, das den Segen der Unternehmensleitung oder des Vorstandes genießt und besitzt.

Kern des Innovationsmanagements ist es, die vielen meist eher zufällig auftretenden oder entstandenen Ideen an den Arbeitsplätzen zu sammeln und in brauchbare Innovationen, z. B. zunächst als Prototypen und später als Neuprodukte, umzusetzen. Zum Innovations- bzw. Wissensmanagement gehören selbstverständlich auch nicht sofort zu gebrauchende Ideen oder Erfindungen, daher ist es ratsam, z. B. diese Ideen in einem dazu vorgesehenen „Expertensystem“ zu archivieren und jederzeit über eine geeignete Systematik (z. B. ein Schlagwortregister o. Ä.) im Zugriff zu haben. Für diese Art des „Ideen- oder Innovationsmanagements“ sind ganz andere Humananforderungen gefragt und gefordert als im F&E-Labor für „geniale Erfinder“. Schon gar nicht ist ein professionelles Innovationsmanagement mit dem „altehrwürdigen“ und mittlerweile nicht mehr aktuellen „Betrieblichen Vorschlagswesen (BVW)“ als zentrale Institution zu vergleichen (s. Wienkamp, 2023a, S. 93f.).

Bei *Innovatoren* kommt es hauptsächlich auf *Führungs-* und *Managementfähigkeiten* an, wenn sie ihre Projekte erfolgreich „durchziehen“ wollen. Sie müssen ständig andere von der Notwendigkeit ihres Tuns überzeugen und sie auf ihre

Seite ziehen. Ohne ein hohes Maß an Durchsetzungskraft und Beeinflussungsvermögen im Sinne von *„taktischem Geschick“* ist das nicht umsetzbar. Als Projekt- oder Produktmanager sind sie ebenfalls für die Planung, Organisation und Kontrolle ihrer Aufgaben zuständig, was sie als Manager auszeichnet. So haben sie z. B. aus einem von der Forschung kreierten neuen Wirkstoff ein neues Medikament oder eine Kosmetik als Produktinnovation zu entwickeln und „an den Mann oder die Frau zu bringen“.

Sollte in dem Unternehmen ein „strategisches Innovationsmanagement“ als Institution etabliert sein, hat diese Institution die ständige Aufgabe, die vielen Kreationen oder Ideen zu sichten und in regelmäßigen zeitlichen Abständen auf Realisierungschancen zu prüfen. Dazu gehören neben der technischen Umsetzbarkeit die Prüfung der Marktattraktivität sowie die Kalkulation der dafür notwendigen Aufwendungen und Ressourcen. Von den bereits genannten und an anderer Stelle gelisteten Humananforderungen für das Innovationsmanagement (s. Wienkamp, 2021a, S. 244) ist insbesondere noch der *„Spürsinn“* erwähnenswert, der sich in einer Sensibilität für sogenannte *schwache Signale,* sei es Unstimmigkeiten oder ein noch verdeckter („schlummernder“) Kundenbedarf, für den sich neue bisher ungeahnte Anwendungen oder Produktlösungen anbieten, offenbart, deren notwendige Basistechnologien allerdings von anderen „Erfindern“ vornehmlich in der Grundlagenforschung kreiert wurden.

3.5 Resümee

Kreativität ist als Anforderungsmerkmal zu einem „Modewort“ geworden. Mit dieser Einschätzung gehen die meisten Autoren in ihren Publikationen oder Beiträgen konform. Parallel dazu vertreten sie die Meinung, dass Kreativität „als Motor“ oder Quelle von Innovationen oder Neuprodukten unverzichtbar ist. Nicht untereinander einig ist sich die „Forschungscommunity“ darüber, was Kreativität eigentlich genau ist und wie sich die Kreativität zur Intelligenz verhält bzw. von ihr abgrenzt.

So war es in diesem Beitrag erforderlich, die Hauptkriterien für Kreationen wie neue Ideen oder Erfindungen zu benennen und hervorzuheben, nämlich Originalität, Nützlichkeit und soziale Akzeptanz sowohl innerhalb einer Organisation als auch später am Markt gegenüber den potenziellen Kunden. Gleichwohl scheint unstrittig zu sein, dass kreative Leistungen nicht aus dem Nichts entstehen, sondern notwendigerweise auf einem Erfahrungswissen als Basis beruhen und die kreativen Ideenspender sich i. d. R. wiederholt und immer wieder mit dem zu lösenden Problem beschäftigt haben. Häufig entwickelten diese kreativen Menschen wie z. B. Künstler eine regelrechte Leidenschaft oder Liebe für ihre Beschäftigung – und werden mit der Zeit immer besser oder kreativer.

Kreativität tritt auch nicht isoliert in Erscheinung, sondern sie wird durch andere Persönlichkeitseigenschaften flankiert, begleitet und unterstützt. So ist z. B. eine gewisse Risikobereitschaft zusammen mit dem notwendigen Selbstvertrauen bei Kreativen auszumachen, um sich sowohl für die Idee überhaupt und immer wieder zu engagieren als sich auch bei anderen Gehör zu verschaffen. Dass kreative Personen von Natur aus eher neugierig sind und über eine gute Grundintelligenz verfügen, erklärt sich wohl von selbst.

Kreative Leistungen entstehen nicht urplötzlich, sondern gehorchen meistens einem zeitlichen Ablauf, der bestimmte Sequenzen durchläuft. Aus diesem Grunde ist es unvermeidlich, sich auch den Kreativitätsprozess von der Wahrnehmung eines offenen Problems bis zur Problemlösung durch einen kreativen Vorschlag gerade im Hinblick auf eine Kreativitätsdiagnostik genauer anzusehen.

Mit dem Innovationsvermögen verbinden sich allerdings ganz andere Vorstellungen von Fähigkeiten und Persönlichkeitsdispositionen. Innovatoren sind weniger die Erfinder, sondern *pragmatisch* denkende und handelnde Manager, die die von anderen ersonnenen Ideen in innovative Produktlösungen umsetzen und den Entwicklungs- oder Innovationsprozess bis zur Markteinführung verantworten.

4 Versuche der Kreativitätsdiagnostik

Bei der Behandlung des Themas Kreativitätsdiagnostik geht es nicht darum, noch einmal zu definieren oder zu beschreiben, was Kreativität ist (wie in Kap. 3), sondern darum, die spezifischen Problemsituationen einer wie immer gearteten Diagnostik oder Überprüfung kreativer Leistungen zuzuführen und zu diskutieren. Dabei ist nicht auszuschließen, dass es eine Kreativitätsdiagnostik in einer gewöhnlichen Form so gar nicht gibt oder so gar nicht geben kann, weil kreatives Verhalten sich nicht „in geordneten Bahnen" zeigt oder sich vollzieht und sich daher auch nicht zweifelsfrei und direkt beurteilen lässt. Die spezifischen Probleme der Kreativitätsdiagnostik liegen im Folgenden:

1. Einmal im Problem selbst, da „offene Probleme" sich nicht so ohne weiteres von außen (oder von anderen Personen, wie z. B. bei einer Bewerberauslese) operationalisieren und verordnen lassen.
2. Selbst wenn sich ein geeignetes Problem findet, führt die sogenannte „Inkubationszeit" dazu, dass es nicht möglich ist, für die betroffenen Personen nicht möglich ist, darauf prompt oder in einer bestimmten Zeit zu reagieren. In der Inkubationszeit erfolgt ein zeitlich unbestimmter „Gärungsprozess" bis zu einer evtl. Problemlösung, der zudem größtenteils im Unterbewusstsein abläuft und unverhofft bzw. unkalkulierbar sich als spontaner Einfall bemerkbar macht und äußert.
3. Ideen oder spontane Gedankenäußerungen sind häufig noch sehr unausgegoren und ihr Auftreten erscheint impulsiv, was zulasten der Ideenbewertung oder ihrer qualitativen Einschätzung geht. Missverständnisse, falsche Interpretationen oder Wissenslücken der Beurteiler sind in solchen Situationen nicht auszuschließen. Zudem ist es Beurteilern nur in Ausnahmefällen möglich, auf spontan geäußerte Ideen sich mit passenden Bewertungskriterien zu präparieren. Am ehesten eignen sich als Beurteilungskriterien die Anzahl und die Art der Fragen, die der Proband entweder an sich selbst stellt oder richtet, oder wie er gegenüber dem Plenum die Aufgabe redefiniert, um einen Lösungsansatz zu finden.
4. Kreativität ist außerdem nicht gleich (oder nicht immer) Problemlösefähigkeit, die häufig rational-logischen Schritten oder Überlegungen folgt. Kreativität kann

H. Wienkamp, *Kreativitätsdiagnostik*, https://doi.org/10.1007/978-3-662-68927-1_4

mitunter zunächst zu Chaos im Denken führen, bis sich eine „Lösungsskizze“ (oder Figur) abzeichnet. Schon gar nicht gibt es die einzig wahre oder richtige Lösung beim Umgang mit Kreativität (s. Abschn. 3.1).

5. Es ist fraglich, ob die bisher bekannten Verfahren wie Kreativitätstests das Problem der Kreativitätsdiagnostik in den Griff bekommen. Messen nämlich Kreativitätstests Problemlösefähigkeit, sind sie im eigentlichen Sinne kein Kreativitätstest, sondern eher ein kognitiver Leistungstest oder ein scheinbarer Intelligenztest, der i. d. R. nur richtige oder falsche Antworten oder Lösungen kennt und zulässt.

Versuche der Kreativitätsdiagnostik hat es sowohl mit standardisierten psychometrischen als auch mit projektiven Verfahren gegeben.

Projektive Testverfahren, wie z. B. der *„Thematische Apperzeptionstest (TAT)“* von Murray (1938) oder der allseits bekannte *Rorschach-Test* mit seinen „Farbklecksen“ als Bildtafeln, kamen in abgewandelter Form hauptsächlich in der pädagogischen Diagnostik von Schulkindern als „Phantasietest“ zum Einsatz.

Bei Erwachsenen kamen ebenfalls projektive Verfahren in früheren Untersuchungen zur Anwendung, die versuchten, eine „Disposition zur Originalität“ oder zur mentalen Komplexität festzustellen (s. z. B. Barron, 1965, S. 39 f.). In allen Untersuchungen standen die Beurteiler vor einem Dilemma, zu entscheiden, ob die Antworten des Testanden nun originell waren oder nicht. Barron (1965, S. 15 f.) äußerte sich dazu wie folgt: *„The Rorschach scorer was certain that the subject's responses were „originals,“ for the test manual defines an original response as one that occurs no more often than once in 100 examinations; but whether to score the responses 0 + [a „good“ original] or 0 – [an original response that does not sufficiently respect the inkblot reality] was difficult to decide.“*

Tendenziell scheinen Angehörige der hier definierten „originellen Gruppe“ sowohl Impulskontrolle als auch Regressionsneigung zu beherrschen, um sich zum einen kindlich-naiv und zum anderen streng rational verhalten zu können (s. z. B. die von Seiffge-Krenke, 1974, S. 62 ff. zitierten Befunde). Ungeachtet dieser in eine bestimmte Richtung weisenden Ergebnisse, dass es anscheinend Zusammenhänge zwischen kognitiver Komplexität und Kreativität gibt, sind die eingesetzten Untersuchungsmethoden wie projektive Tests in ihren psychometrischen Gütekriterien sehr fraglich und kritikwürdig.

An den kognitiven Leistungen, egal, ob es sich um Metakognitionen oder Transferleistungen handelt, sollte auch die Konstruktion diagnostischer Verfahren wie Kreativitätstests ansetzen. Konkrete Aufgaben oder Items sind über vorherige Hypothesenbildungen diesen Kognitionen zuzuordnen bzw. aus ihnen abzuleiten und zu entwickeln. Nach experimenteller Überprüfung sind dann aus den Ergebnissen mittels statistischer Methoden (z. B. Faktorenanalyse) die kognitiven Fähigkeiten oder Faktoren zu extrahieren und zu identifizieren. Für die Probanden kommt es in den Untersuchungen darauf an, *verborgene* Verbindungen, Ähnlichkeiten oder Analogien, aber auch das Auftreten von *kritischen* Ereignissen wie Engpässe oder „Flaschenhälse“ zu erkennen. Hinzu kommen noch Anforderungen, die ein *subjektives* Erleben wie Einsichten, Intuition, Inspiration etc. induzieren.

In der Regel kommen diese kognitiven Leistungen oder Fähigkeiten innerhalb einer Prozesskette zum Einsatz, die mit der Problemerkennung ihren Anfang nahm und mit der Evaluation oder Bewertung der Idee endete. Ohne eine Sensibilität für Probleme und ein Gespür für Unstimmigkeiten fallen verborgene, nicht offensichtliche Probleme zum einen überhaupt nicht auf. Phantasien oder die geistige Vorstellung von möglichen Konsequenzen oder Entwicklungswegen, kognitives Umstrukturieren, wie Flexibilität, Perspektivenwechsel oder Redefinition von Aufgaben, Umgang mit Komplexität oder multivariaten Ereignissen und last but not least der Mut zur Ideenentwicklung sind zum anderen die Qualitäten, ohne die kreative Anforderungen nicht zu bewältigen wären.

Viele kognitive Anforderungen sind in der betrieblichen Praxis entweder als Anforderungsmerkmale durch eine *psychologische Anforderungsanalyse* (s. Wienkamp, 2020b, 2021a, b, 2022c) oder als Beurteilungsmerkmale in betrieblichen Beurteilungssystemen (s. Wienkamp, 2022b) zum Standard erhoben und eingeführt, wie z. B. das Merkmal *Komplexitätsmanagement* als Potenzial für Führungs- und Managementfunktionen. Aber auch die „Neugier" als weiteres Potenzialmerkmal sollte bei einer Diskussion über Kreativität nicht fehlen und ihren gebührenden Platz finden (s. z. B. das Anforderungsprofil eines Personalbetreuers mit erfolgskritischen, also positiven und negativen Verhaltensweisen in Wienkamp, 2023a, S. 10 f.).

4.1 Kreativitätstests

Kreativitätstests kommen oder kamen verstärkt bei der Untersuchung oder Begutachtung von Vorschul- und Schulkindern zum Einsatz. Forschungen mit dieser Alterskohorte haben für die weitere Kreativitätsdiagnostik deutliche Akzente gesetzt, auch bei der Konstruktion von Kreativitätstests, die mit Vorschul- und Schulkindern ihren Anfang nahmen und an denen sich Testentwicklungen für ältere Jahrgänge orientierten.

In der Berufseignungsdiagnostik können ebenfalls Kreativitätstest eingesetzt werden, die speziell für diesen Anwendungszweck entwickelt wurden. Manche Testinstrumente machten sich die gewonnenen Erfahrungen aus dem Schulsektor zu eigen.

Sowohl in der Kreativitätsdiagnostik von Kindern als auch von Erwachsenen bestehen immer noch viele ungelöste Probleme, die in erster Linie auf die Eigenheiten dieses Merkmals Kreativität zurückzuführen sind.

4.1.1 Kreativitätstests in der pädagogischen Diagnostik

Bereits in früher Kindheit, wie z. B. im Vorschulalter, begannen Bemühungen, kreative Anlagen oder Begabungen bei Kindern nachzuweisen. Ohne auf die einzelnen Beobachtungen oder Untersuchungsergebnisse im Detail eingehen zu wollen, bleibt festzustellen, dass die Kreativitätsdiagnostik mehr eine Untersuchung des

„sozialen Milieus" oder der sozialen Herkunft war, da der soziale Status der Familie sowie der Erziehungsstil des Elternhauses, z. B. die Gepflogenheit, offen über Probleme zu sprechen, ausschlaggebend für die kreativen Leistungen des Kindes waren.

Im späteren Schulkindalter waren kreative Schüler oder Schülerinnen nach den Beobachtungen der Lehrer oder Lehrerinnen und den Testergebnissen, insbesondere bei Einsatz des *„Torrance-Test"*, einfach „breiter aufgestellt", wenn sie sich gleichzeitig für „Shakespeare und Puppen" (Seiffge-Krenke, 1974, S. 135) begeistern konnten.

Bei z. B. einem *„Toy-Improvement-Test"* mit drei Spielzeugen (eins eher für Jungen, eins für Mädchen und ein Neutrales) vermochten kreative Kinder sich mehr für alle Spielzeuge zu interessieren und es fielen ihnen mehr Verwendungsmöglichkeiten ein als nichtkreativen Kindern, die sich nur mit dem geschlechtstypischen Spielzeug anfreundeten und damit in erster Linie spielten.

Einer der umfassendsten Beiträge zur Kreativitätsdiagnostik im deutschen Sprachraum war der schon mehrfach zitierte Beitrag von Seiffge-Krenke (1974). Seiffge-Krenke fasste zum damaligen Zeitpunkt nicht nur die Ergebnisse der Kreativitätsforschung zusammen, sondern führte selbst auch eine empirische Untersuchung an Schulkindern der 4. Klasse im Alter von durchschnittlich 10 Jahren durch. Drei Fragestellungen ging sie in ihrer Arbeit nach, die auch heute noch in der Kreativitätsdiagnostik von Interesse sind:

1) Der Einfluss von Instruktionen entweder mit oder ohne Zeitbeschränkung (was auch mit Stress verbunden ist)
2) Die Beurteilung der Kreativität einer Zielperson sowohl von Lehrern als auch von Mitschülern
3) Psychometrische Untersuchung zur Validität verwendeter Kreativitätsaufgaben in Tests

Als Kreativitätstest kam der *Torrance-Test* in deutscher Übersetzung und in adaptierter Form (s. Seiffge-Krenke, 1974, in dem Anhang S. 289 ff.) zum Einsatz mit den Kreativitätsmerkmalen

a) Flüssigkeit („fluency"): Gemessen oder gezählt wurde die Anzahl der genannten Ideen oder Vorschläge (z. B. die Verwendungsmöglichkeiten für eine Blechbüchse);
b) Flexibilität („flexibility"): Gemessen oder erfasst wurden die „Breite" oder das Spektrum der geäußerten Einfälle, also auf wie viele unterschiedliche Kategorien, vorgegeben durch eine Liste, die genannten Ideen entfielen;
c) Originalität („originality"): Originalität ergab sich aufgrund der Häufigkeit oder Seltenheit der zu erwartenden Antworten in einer Stichprobenpopulation gemäß vorgegebenem Raster;
d) Elaboration („elaboration"): Elaborationen, wenn sie im Einzelfall als solches z. B. festgestellt wurden, erhielten einen zusätzlichen Bonuspunkt bei Angabe ungewöhnlicher Ideen oder ausgearbeiteter und hervorgehobener Details, die als „Ausschmückungen" auffällig wurden.

Bei der Kreativitätsuntersuchung wirkten sich stressinduzierende Instruktionen negativ auf die Kreativitätsleistungen aus, als wenn die Probanden (hier Schulkinder) ohne Zeitvorgaben eher spielerisch die gestellten Kreativitätsaufgaben erledigen konnten. Dieser Befund war auch in dieser Form erwartet worden.

Die unterschiedlichen Instruktionsbedingungen wurden nach einem varianzanalytischen Verfahren ausgewertet und auf statistisch signifikante Mittelwertunterschiede in den Kreativitätsmerkmalen getestet. Beste Ergebnisse erzielten Schüler, wie erwartet, unter der Bedingung „keine Zeitlimitierung" und „Verzicht auf eine zusätzliche Stressinduktion". Unter dieser Bedingung konnten die Schüler den Kreativitätstest spielerisch und auf ihre Art und geradezu entspannt bearbeiten. *Flüssig,* also viele Ideen oder Vorschläge, und *Originalität* waren die Kreativitätsmerkmale, die am besten mit ihren Mittelwerten zwischen den verschiedenen Instruktionen differenzierten.

Schüler und Lehrer lagen ferner in ihren Urteilen, was Kreativität ist bzw. wer aus der jeweiligen Schulklasse als kreativ galt (bei namentlicher Nennung) und wer im Gegensatz dazu nicht kreativ war (ebenfalls namentlich benannt), in ihren Bewertungen nicht auseinander. Die „Kreativen" (bzw. die „Nichtkreativen" mit niedriger Bewertung) ließen sich von beiden Befragungsgruppen mittels der Gesamtwerte der Kreativitätsmerkmale (plus Intelligenz als zweite Variable) bei Anwendung einer Diskriminanzanalyse statistisch richtig zuordnen. Das Beurteilungsverfahren von Lehrern und Schülern entsprach einem Extremgruppenvergleich, wobei die Lehrer nur jeweils fünf Schüler oder Schülerinnen einer Klasse namentlich als „Kreative" und ebenfalls fünf Schulkinder als „Nichtkreative" benannten, während die Schulkinder alle Mitschüler der Schulklasse inkl. sich selbst bezüglich der Kreativität einschätzten.

Als Kontrollvariable wurde der persönliche Stil des Klassenlehrers nach emotionaler Zuwendung und dem Ausmaß an Kontrolle gegenüber den Schulkindern bei den Schülern und Schülerinnen erhoben. Einen nennenswerten Einfluss hatten der pädagogische Auftritt oder der „Lehrerstil" auf die Beurteilungen der Schüler demnach nicht.

Korrelationsanalysen der Kreativitätsattribute zeigten bei der psychometrischen Überprüfung und Beurteilung, dass gleiche Merkmale aus verschiedenen Subtests deutlich niedriger korrelierten als die verschiedenen Kreativitätsmerkmale innerhalb eines Subtests untereinander. Solche Befunde widersprechen einer Konstruktvalidität und deuten sehr stark auf einen „Materialfaktor" (s. Seiffge-Krenke, 1974, S. 254) hin, wenn die Kreativitätsleistungen hauptsächlich von der Aufgabe bzw. dem eingesetzten Test abhängen.

Bollinger (1981) stimmte mit diesen Befunden zur Kreativitätsmessung insofern überein, dass er nach Auswertung einer Vielzahl von Studien mit diversen Tests zum „divergenten Denken", die vornehmlich im Schulbereich zur Kreativitätsdiagnostik Verwendung fanden, zu dem Ergebnis kam, dass diese Tests zwar trotz nachweislicher Korrelationen zur Intelligenz divergentes Denken erfassen, sich aber nicht zur Kreativitätsmessung eignen. Ausschlaggebend für diese Bewertung waren auf der einen Seite widersprüchliche Faktorenstrukturen und nicht zu vergleichende Testdurchführungen, wenn die Tests z. B. *mit* bzw. *ohne* standardisierte Zeitvorgaben durchgeführt wurden. Unklarheiten ergaben sich des Weiteren sowohl bei der Definition von kreativen Leistungen oder Produkten als auch bei der Auswahl und Handhabung der Beurteilungskriterien, sodass eine Vergleichbarkeit zwischen den Untersuchungen zur Kreativität als Output kaum möglich war.

Nicht ganz so negativ schätzten Krampen et al. (1990) die Lage der Kreativitätsdiagnostik bei Vorschul- und Schulkindern ein. Für die Altersjahrgänge 4–12 Jahre stellten sie eine Testbatterie als entwicklungspsychologischen Test mit der Bezeichnung *„Kreativitätstest für Vorschul- und Schulkinder (KVS)“* zusammen, deren 7 Subtests sich an bereits existierende Testverfahren anlehnten. Allen Testaufgaben war gemeinsam, dass sie ohne Sprachverständnis anwendbar waren und ihren Schwerpunkt auf „kinästhetische und figural-malerische divergente Fähigkeiten“, wie die Testautoren sich ausdrückten, legten. Für die Testaufgaben gab es *keine* Zeitvorgaben und auch keine sonstigen Instruktionen, die Druck auf die Kinder ausübten, im Gegenteil: Die Subtests waren spielerisch und absolut „entspannt“ zu bearbeiten. Zwei Beobachter erstellten Testprotokolle, die nach den Kriterien

1) Ideenflüssigkeit bzw. Produktivität,
2) Originalität (für seltene oder unerwartete Lösungen),
3) Flexibilität,
4) Elaboration,
5) Imaginationen

auf einer fünfstufigen Skala als Fremdeinschätzung ausgewertet wurden. So war es möglich, sowohl die Interrater-Reliabilität zwischen den Beobachtern als auch die Validität mit parallel erhobenen Eltern- und Lehrerurteilen (ebenfalls als Fremdeinschätzung) über die Kreativität der Kinder gemäß den o. g. Kriterien außerhalb der Testsituation zu bestimmen. Mit den Gütekriterien dieses KVS waren die Autoren im Großen und Ganzen zufrieden, allerdings entsprach die Faktorenstruktur mit nur *vier* Hauptkomponenten als Bestätigung der Kreativitätsleistungen gemäß den o. g. fünf Beurteilungskriterien nicht den Erwartungen.

In einem späteren Beitrag stellte Urban (2011) die im deutschsprachigen Raum publizierten Kreativitätstest zur pädagogischen Diagnostik im Schulsektor zusammen. In dieser Auflistung war auch der von Urban und Jellen (1995; zit. bei Urban, 2011) selbst konstruierte *„Test zum schöpferischen Denken – Zeichnerisch (TSD – Z)“* für Kinder der Altersstufen von 4 bis 16 Jahren enthalten.

4.1.2 Kreativitätstests in der Berufseignungsdiagnostik

Unter den frühen Versuchen, bei Erwachsenen Kreativität zu diagnostizieren, ist sicherlich der *„Brick-Uses-Test“* einer der bekanntesten Tests. Die Aufgabe bestand darin, in einer vorgegebenen Zeitspanne so viele Verwendungsmöglichkeiten für einen Ziegelstein zu finden wie möglich. Statt eines Ziegelsteins wären auch andere Gegenstände vorstellbar und wählbar (wie z. B. Blechbüchsen, s. Abschn. 4.1.1). Dieses Prinzip als Aufgabenstellung wurde auch später in anderen Kreativitätstests übernommen und die Anzahl der vorgetragenen Ideen als Kreativitätsmaß oder Kriterium verwendet. Verschiedene Beurteiler können die Qualität der Ideen anhand eines Bewertungsschemas beurteilen, woraus sich dann als Reliabilität die Interrater-Übereinstimmung errechnen lässt.

Bei allen diesen standardisierten Kreativitätstests, wie der „Torrance-Test“, scheint zum einen die Zeitbeschränkung der Kreativitätsmessung zu widersprechen (s. bereits Abschn. 4.1.1), zum anderen widmen sie sich überhaupt nicht der Tatsache, dass Kreativität nicht auf Verlangen abrufbar ist und auch nicht zeitlich stabil ist, sondern, wie von einigen Forschern bemerkt, einem zeitlichen Rhythmus gehorcht (s. Guilford, 1950 und bereits Kap. 3).

Auch über den Validitätsaspekt hat sich wiederholt eine Reihe von Autoren kritisch geäußert. So besagt z. B. die Nennung vieler Gebrauchsmöglichkeiten eines Ziegelsteins nichts über die Kreativität in alltäglichen Lebenssituationen aus, wie es Seiffge-Krenke (1974, S. 181) hervorhob. Aufgrund der potenziellen Beurteilungsfehler bei Fremdratings sind auch z. B. Lehrerurteile als Nachweis der Kriteriumsvalidität umstritten, wenn es um aktuelle und im Besonderen um perspektivische Einschätzungen geht, wie z. B. die Eignung eines Kindes für eine bestimmte Schullaufbahn.

Besser scheinen sich Beurteilungen von Führungskräften als Vorgesetzte zu eignen, da die Führungskräfte sowohl die Leistung als auch das Verhalten ihrer Mitarbeiter und Mitarbeiterinnen sowohl tagtäglich als auch über eine längere Zeit erleben und sie außerdem die „kreativen Leistungen“ auch als solche anerkennen und abnehmen müssen. Sicherlich ist ein positives Votum nur dann zu erwarten, wenn die neue Idee von Nutzen ist und der Realität entspricht. Wenn Führungskräfte Kreativität beurteilen, heißt das nicht unbedingt, dass sie sich auf identische oder einheitliche Kriterien stützen, da sie zum einen unterschiedlichen Betriebsbereichen oder Fachdisziplinen angehören, die jeweils ihre eigenen Vorstellungen von Kreativität in ihrem Fach haben, zum anderen sie evtl. auch individuell unterschiedliche Präferenzen über die persönliche oder allgemeine Bedeutung von Kreativität hegen.

Somit schließt sich der Kreis zum Thema Kreativität als eigentlich nicht definierbares, fassbares und demnach schon gar nicht verlässlich messbares Phänomen in der Kreativitätsdiagnostik. Kreativität als multiples Konstrukt erzeugt für viele Personalverantwortliche ein nicht unbedingt kompatibles oder vergleichbares Bild von der Zielperson, und jeder, der versucht Kreativität zu beurteilen, muss seine Definition oder Vorstellung davon kommunizieren, wie z. B. bei einer eignungsdiagnostischen Untersuchung. So könnte eine Definition von Kreativität darin bestehen, dass es sich in erster Linie um eine Phantasieleistung (Imagination), also um einen mit „sprühender Phantasie“ angereicherten Gedankengang handelt, dessen Idee oder Inhalt dann von einer „Jury“ auf ihren Nutzen, Realitätssinn usw. bewertet oder „abgeklopft“ werden muss. Beides, nämlich Neuheit und Nutzen, wie an anderer Stelle schon erwähnt, wären dann die ausschlaggebenden Beurteilungskriterien der Kreativität für einen Beurteilerkreis. Etwas Einmaliges oder nicht Wiederholbares, was Genialität zum Ausdruck bringt, dürfte allerdings nicht den Erwartungen und der Realität entsprechen und hilft in alltäglichen Situationen erst recht nicht weiter. Dennoch gibt es zugegebenermaßen im Ansatz recht eingeschränkte Möglichkeiten, künstlerisch-ästhetische Talente zu entdecken. Nur würde dies voraussetzen, solch eine spezielle Begabung z. B. durch Aufgaben mit Gestaltungsanforderungen zu operationalisieren und zu bestimmen (s. hierzu die exemplarischen Aufgaben A und B im Anhang 1).

Fast grenzt es an ein Wunder, dass es dennoch in den letzten Jahren Versuche gab, Kreativitätstests zu entwickeln. Schon in einer anderen Publikation (s. Wienkamp, 2021a, S. 184 ff.) fanden zwei unterschiedliche Kreativitätstest als Beispiele Erwähnung, die in den letzten Jahren erschienen sind und speziell für die Berufseignungsdiagnostik geeignet sein sollen. Einmal war es der *„Kreativitätstest für technisch-wissenschaftliche Berufe"* von Facaoaru (1985), zum anderen der Test zur *„Diagnostik Berufsbezogener Kreativität für technische und entwicklungsbezogene Tätigkeiten (DBK-TE)"* von Palmer (2016) für den technisch-industriellen Bereich. Das Instrument von Facaoaru lehnte sich sehr stark an das von Guilford (vgl. hierzu auch Schuler & Görlich, 2007, S. 20 f.) seinerzeit propagierte Modell des divergenten und konvergenten Denkens an, während der Test von Palmer versucht, den Kreativitätsprozess zu simulieren und die dabei zu beobachtende Kreativität zu messen.

4.1.2.1 Der Kreativitätstest von Facaoaru (1985)

Bei der Itemauswahl differenzierte der Test von Facaoaru zusätzlich noch zwischen Aufgaben mit einer fachgebundenen vs. allgemeinen Problemstellung und Aufgaben mit nur einer richtigen Lösung (wie bei einem Intelligenztest) und mehreren möglichen Lösungen, wie es für kreative Aufgaben typisch ist. Schwerpunkt oder Ziel dieses Tests war, eine Synthese zwischen dem divergenten und konvergenten Denken zu finden und entsprechende Problemstellungen als Testaufgaben zu konzipieren.

Zu diesem Zweck entwickelte Facaoaru Subtests, nämlich einmal aus unvollständigen Wortkombinationen vollständige Sätze zu einem passenden Thema zu formulieren, zum anderen aus Strichzeichnungen oder ebenfalls unvollständigen Skizzen ein komplettes Bild oder Szenario zu erkennen und zu zeichnen bzw. die Strichzeichnungen „auszuschmücken". Validiert wurde dieser Test an Forschern in der Wissenschaft und Ingenieuren in der Konstruktion. Als Ergebnis zeigte sich entsprechend der Erwartung, dass diese beiden Berufsgruppen unterschiedlichen *Arbeitsstilen* nachgehen. Während Wissenschaftler analytisch und hypothesengeleitet vorgehen, geht es Ingenieuren eher um eine schnelle und globale Lösung für ihr technisches Problem.

Ob mithilfe dieses Vergleichs der Arbeitsstile auch eine Aussage zur Kreativität und ihren Ausprägungen oder Qualitäten in diesen Berufstätigkeiten zu treffen ist, sei zunächst dahingestellt.

4.1.2.2 Der „DBK-TE" von Palmer (2016)

Der „DBK-TE" von Palmer (2016) folgte dem Prozessmodell von Schuler und Görlich (2007). Problemstellungen oder Testaufgaben orientierten sich an möglichen Lösungen für ein vorgegebenes technisches Problem und die Bewertung richtete sich nach der Anzahl vorgetragener Vorschläge zu den einzelnen Prozessschritten von der Problemwahrnehmung bis zur Implementierung der Problemlösung und entsprach somit einem „offenen Antwortformat". Einschlägige Fachkenntnisse als Vorwissen waren für die Bearbeitung der Aufgaben natürlich nicht erforderlich. So kann es z. B. darum gehen, ob die Testperson überhaupt das Problem erkennt, welche fehlenden Informationen sie suchen müsste, über welche Lösungskonzepte (z. B. Analogien bilden) sie verfügt usw. Nur eigenständige und sinnhafte Antworten erhielten bei der Bearbeitung der Testaufgaben einen Punkt, redundante oder unsinnige Antworten fanden keine Berücksichtigung.

Insgesamt besteht dieser „DBK-TE" aus *15 Testaufgaben,* davon zwei Simulationen und 13 Aufgaben mit offenen Problemen. Auswertungen bzw. Ergebnisinterpretationen sind sowohl auf der Ebene der Testaufgaben als auch auf der Ebene der *acht* Stufen oder Prozessschritte möglich. Eine Prozessstufe enthält mit einer Ausnahme jeweils zwei Testaufgaben, die diese Sequenz charakterisieren und für sie entsprechend den Anforderungen typisch sind.

Der Entwicklung der Testaufgaben (Items) ging eine Anforderungsanalyse auf der Basis der *„Critical Incident Technique (CIT)"* von Flanagan (1954) bei verschiedenen Unternehmen voraus. Auf dieser Datenbasis konnten unterschiedliche Testversionen bis zur Endversion mit, wie bereits erwähnt, 13 verbal zu beantwortenden Aufgaben und zusätzlich zwei Simulationsaufgaben getestet und selektiert werden. Sowohl nach den üblichen psychometrischen Gütekriterien als auch von einem „Expertengremium" nach der inhaltlichen Stimmigkeit und Repräsentativität von Kreativität in der Arbeitswelt oder Praxis (also der Augenscheinvalidität) wurde die Selektion unter den Testaufgaben vorgenommen. Beispielsweise war eine verbal zu beantwortende Aufgabe, „für einen Rasenmäher mit Fahrersitz eine sichere Halterung für den Zündschlüssel zu finden (damit er nicht herausfällt und verlorengeht)", und als Simulationsaufgabe sollten z. B. (lt. Instruktion) für eine „Vorstandspräsentation" gute Argumente dafür gefunden werden, das eigene Projekt bevorzugt vorzustellen gegenüber einem Mitkonkurrenten, der das gleiche Ziel oder Ansinnen verfolgte. Bei den beiden Simulationsaufgaben bewerteten die Beobachter, z. B. während eines Rollenspiels oder einer Präsentation, ebenfalls nur selbst entwickelte und vorgebrachte Argumente.

Zur Validierung sollten die Probanden neben der Bearbeitung von Intelligenztests und ausgesuchten Persönlichkeitstests diverse Selbsteinschätzungen bezüglich ihrer Kreativität, ihres Berufserfolgs, ihrer Arbeitszufriedenheit etc. abgeben, was allerdings als Selbsteinschätzungen weitestgehend nicht zielführend und erfolgreich war, um den Test versuchsweise zu validieren. Die Autorin beklagte daher selbst das Fehlen eines geeigneten und objektiven *Außenkriteriums,* z. B. neben der Höhe des Gehaltes oder sonstiger Prämien oder Incentives für kreative Leistungen eine Vorgesetztenbeurteilung als Fremdeinschätzung und Validitätskriterium in Betracht zu ziehen.

Auswertungen und Interpretationen der Testergebnisse sind sowohl auf der Basis der Aufgaben als auch auf der Prozessebene möglich und sinnvoll. Da der Test sämtliche Phasen eines „kreativen Prozesses" bis zum Ende umfasst und durchläuft, stellt er einerseits Anforderungen an die Kreativität, andererseits an das *Innovationsvermögen* bei der Implementierung oder Umsetzung der Problemlösung. Bei einer späteren Modellanalyse ließ sich jedoch eine Existenz von sowohl Kreativität als auch Innovation als latente Konstrukte gemäß den vorliegenden empirischen Daten (noch) nicht nachweisen, was auch nicht verwunderlich ist (s. Abschn. 3.4). Anders dagegen beim Denken, wo die Modellanalyse eine *Zweifaktorenstruktur* von einerseits „divergentem Denken" und andererseits „evaluierendem Denken" neben einer Ein-Faktor-Lösung ebenso nahelegte (s. Palmer, 2016, S. 239 f.).

Der vollständige Blick auf das Geschehen oder den Ablauf eines Kreativitätsprozesses ist zum einen ein Vorteil, kann zum anderen aber auch zum Nachteil werden, wenn die unterschiedlichen Anforderungen an „kreative Erfindern" und „Innovatoren" als Projektmanager unberücksichtigt bleiben und zu falschen Schlussfolgerungen verleiten. Ein Ausweg wäre, zeitgleich mit dem Kreativitätstest, neben der allgemeinen Intelligenz, Neugier (oder „Offenheit für neue Erfahrungen") und Leistungsmotivation als wahrscheinliche Prädiktoren oder Einflussgrößen für Kreativität, auch die *Managementqualitäten* durch Persönlichkeitstests mit den entsprechenden Führungs- und Managementanforderungen zu erheben (s. hierzu auch Abschn. 4.3 und Kap. 7).

Neben diesen Kreativitätstests wären noch der *„Berliner Intelligenzstruktur-Test (BIS–4)"* von Jäger et al. (1997) mit der Kreativität messenden Merkmalsskala *„Einfallsreichtum"* sowie der Kreativitätstest von Schuler et al. (2013), der *„DBK-PG"* (s. Abschn. 4.1.2.4), der als erster Kreativitätstest einem Prozessmodell folgte, nachzutragen.

4.1.2.3 Die Merkmalsskala „Einfallsreichtum" im „BIS-4" von Jäger et al. (1997)

Anders als die bisher vorgestellten Kreativitätstests ist der schon genannte „BIS-4" von Jäger et al. (1997) kein Kreativitätstest, sondern ein Intelligenztest mit einer Merkmalsskala, die als Intelligenzkomponente kreative Leistungen erfassen soll, nämlich „Einfallsreichtum". Einfallsreichtum ist definiert als Produktion vieler neuer und vielfältiger Ideen. Hinter solchen spezifischen Testanforderungen verbergen sich entsprechend dem Fachjargon einmal die „Ideenflüssigkeit" als Menge kreativer Einfälle oder Ideen und die „Ideenflexibilität" als Vielfalt beim Gebrauch unterschiedlicher Kategorien oder Qualitäten in der Anwendung.

Entsprechend dem Aufbau des „BIS-4" gehören zu diesem Merkmal Einfallsreichtum (Abk. E) insgesamt *12 Aufgaben,* die als *figural-bildliche, verbale* und *numerische Formen* in Erscheinung treten. So sind z. B. gemäß Aufgabenbeschreibung des Tests (s. Jäger et al., 1997, S. 68 ff.) folgende Operationalisierungen für dieses Merkmal vorgesehen:

1) Skala Layout (LO) als figural-bildliche Form
   = „Es sollen möglichst viele verschiedene graphische Embleme (Erkennungszeichen) für eine Anzeige eines kleinen Ladens entworfen werden";
2) Skala Insight-Test (IT) als verbale Form

= „Für einen verbal vorgegebenen Sachverhalt sind möglichst viele verschiedene Erklärungsmöglichkeiten anzugeben";

3) Skala Telefonnummern (TN) als numerische Form
= „Gefordert wird die Konstruktion möglichst vieler x-stelliger Telefonnummern, die so regelmäßig aufgebaut sein sollen, dass sie sich leicht einprägen lassen; die verwendeten Regeln sollen möglichst unterschiedlich sein".

Dieser Test „BIS-4" ist für Schüler und Schülerinnen aller Schulformen und Altersklassen zur Intelligenzmessung anzuwenden. Da Intelligenztests häufig auch für die Auswahl von Auszubildenden in den Betrieben eingesetzt werden, um z. B. die Schulnoten zu validieren, fällt der BIS-4 zusätzlich in die Rubrik der Berufseignungstests. Für die Altersjahrgänge liegen Normen als Standardwerte zum interindividuellen Vergleich vor. Eine spezifische Variante ist der „BIS-HB" als Intelligenztest für normal- und hochbegabte Schüler und Schülerinnen mit einer Normierung für die Altersjahrgänge von 12 bis 16 Jahren (s. z. B. Frenzel & Nett, 2008; https://www.researchgate.net/publication/352264865).

Sämtliche Antworten der Testpersonen zu den „E-Aufgaben" sind zu protokollieren und von wenigstens *zwei Testleitern* auszuwerten nach den bereits erwähnten Kriterien Ideenflüssigkeit als quantitatives Maß und Ideenvielfalt als qualitatives Maß, gemessen an den von dem Klienten produzierten Kategorien. Zur Unterstützung der Testleiter stehen entsprechende Protokollbögen und ein Manual mit Instruktionen und Anwendungsbeispielen bereit. Speziell für dieses Merkmal Einfallsreichtum/Ideenflexibilität befindet sich im Testmanual eine Kategorienliste mit entsprechenden Beispielen, an denen sich die Testleiter bei der Auswertung orientieren können. Nach der Auswertung liegt für jede Intelligenzleistung und Textform ein „Rohwert" vor, der unter Anwendung der Altersnormen in „Standardwerte" umzurechnen ist.

Als Testergebnis liegen für alle 12 Testaufgaben des Merkmals Einfallsreichtum Einzelergebnisse vor, die für die drei unterschiedlichen Testformen als „Aufgabenbündel" zu aggregieren und aufzubereiten sind. Alle Ergebnisse des Intelligenztestes gehen in die Berechnung zur Bestimmung des Gesamtwertes als „allgemeine Intelligenz" ein. Mit dem Gesamttestwert „Allgemeine Intelligenz" (oder auch der IQ) korrelierte im Übrigen das Merkmal Einfallsreichtum mit $r = 0{,}70$.

Für eine gemeinsame Kreativitäts- und Intelligenzdiagnostik spricht im Übrigen die Einheit von divergentem und konvergentem Denken als „essentielle Bestandteile" der Problemlösefähigkeit, wovon das Intelligenzmodell von Jäger et al. (1997) ausging (vgl. König, 1986). Anhänger der Integration von Kreativität und Intelligenz als intellektuelle Fähigkeiten im Rahmen einer Intelligenzdiagnostik konzedierten gleichwohl, dass hinter diesen intellektuellen Qualitäten sehr unterschiedliche Fähigkeiten und mentale Operationen sich verbergen, die gegen eine Zusammenfassung „unter einem gemeinsamen Dach (der Intelligenz)" sprechen. Nicht ohne Grund hat die Intelligenzforschung und -diagnostik lange Zeit dem konvergenten Denken aus verschiedenen naheliegenden Gründen den Vorzug gegeben und das divergente Denken „stiefmütterlich" behandelt, also vernachlässigt.

Beschränkt sich die Kreativitätsdiagnostik auf die Beurteilung der flüssigen (also der Ideenanzahl), der flexiblen (also der Ideenvielfalt) und der originellen Ideen als Ausdruck des „Ungewöhnlichen“ oder Seltenen darf mit Einschränkungen von einem *eigenständigen* Kreativitätsfaktor als Persönlichkeitsmerkmal ausgegangen werden, der sich von den anderen intellektuellen Leistungen der Intelligenzdiagnostik abhebt.

In den Validierungsstudien zum „Berliner Intelligenzstruktur-Test“ luden die intellektuellen Fähigkeiten divergentes und konvergentes Denken zusammen mit anderen Persönlichkeitsmerkmalen wie Motivation, Interessen und das Selbstkonzept hoch auf einen *gemeinsamen* Generalfaktor. Das bedeutet, dass divergentes und konvergentes Denken ein komplexes Konstrukt von allgemeinem intellektuellem Leistungsvermögen ist, das zusammen mit anderen Persönlichkeitsdispositionen die Voraussetzungen für Problemlösefähigkeiten in verschiedenen Situationen und bei unterschiedlichen Herausforderungen bedingt und schafft (vgl. König, 1986).

4.1.2.4 Der „DBK-PG“ von Schuler et al. (2013)

Vor dem DBK-TE von Palmer (2016) entwickelten Schuler et al. (2013) erstmalig einen Kreativitätstest, genannt *„Diagnose berufsbezogener Kreativität – Planung und Gestaltung (DBK-PG)“*, nach einem von Schuler und Görlich (2007) konzipierten Prozessdesign. Vorgesehen war dieser Kreativitätstest insbesondere für die Berufseignungsdiagnostik bzw. für die Personalauswahl sowie für die Berufsberatung o. Ä. Ähnlich dem bereits vorgestellten DBK-TE enthält dieser Test als Prozessmodell der Kreativität die bereits genannten acht Prozessabschnitte, nämlich von der Problementdeckung bis zur Implementierung der Problemlösung. Mit der Auffächerung der Kreativität in Phasen oder Prozessabschnitte verband sich die theoretische Vorstellung, dass Testpersonen während der Prozessschritte durchaus unterschiedliche Facetten der Kreativität bzw. ihrer Persönlichkeit einbringen und zeigen, die sich aufgrund wechselnder Anforderungen an die Kreativität sogar als aufgabenspezifische Stärken bzw. Schwächen manifestieren können (s. die Testrezension von Pundt, 2014).

Um es Testanden leichter zu machen und damit auch die „soziale Validität“ oder die Akzeptanz für eine Testapplikation zu unterstützen, banden die Testkonstrukteure den Kreativitätstest in eine „Cover Story“ ein als *„Einrichtung oder Neugestaltung eines Stadtparkes“*. Zu den acht zu durchlaufenden Sequenzen an Kreativitätsaufgaben sollten die Testpersonen jeweils so viel wie möglich an Ideen, Auffälligkeiten (Problemen) oder Argumenten generieren oder benennen. Mit der Anzahl freier Antworten lag ein Maß oder ein Indikator für ihre „Ideenflüssigkeit“ vor. Auf eine weitere getrennte Bewertung anderer Kreativitätsindikatoren, wie sonst üblicherweise Flexibilität und Originalität, wurde aufgrund der hohen Interkorrelationen zur Ideenflüssigkeit bewusst verzichtet.

Beispielhaft sollten die Testpersonen:

- Probleme in einem Zeitungsartikel identifizieren und benennen,
- Verwendungsmöglichkeiten von Gegenständen (z. B. Fallobst oder Äste) für ein mögliches Spiel miteinander kombinieren (z. B. Baseball),

- Argumente entwickeln entweder bei Bedenken gegen die Einrichtung oder Neugestaltung des Stadtparkes überhaupt oder bei Kritik an Einzelmaßnahmen und damit kontern.

Sinnvolle und nicht replizierte Nennungen erhielten jeweils einen oder je nach Aufgabenvariante mehrere Punkte, sodass sich eine bestimmte Punktsumme ergab, die als „Rohwert" in Standardwerte oder Normen umzurechnen war. Für den alleinigen Faktor „Kreativität" als Konstrukt ergab sich dann als Auswertungsschema:

a) unterdurchschnittliche kreative Fähigkeiten = $\leq$ 90 Standardwerte;
b) durchschnittliche kreative Fähigkeiten = 100 Standardwerte;
c) überdurchschnittliche kreative Fähigkeiten = $\geq$ 110 Standardwerte.

Da der Test als Gesamttest über alle Prozessphasen bessere psychometrische Kennwerte erzielte als in den einzelnen Prozessabschnitten hat das Instrument leider ein wichtiges Ziel verfehlt, nämlich genau ein phasenabhängiges Kreativitätsprofil zu erzeugen, wie es sich wahrscheinlich die Testentwickler vorgestellt, erwartet und vielleicht gewünscht haben, das sich eng an die jeweils geltenden Kreativitätsanforderungen anlehnt (s. hierzu auch Pundt, 2014).

4.2 Sonstige Verfahren zur Kreativitätsdiagnostik

Beliebt sind als Methode zur Überprüfung oder Diagnostik kreativer Reaktionen *offene Fragen* zu einem alltäglichen Problem in Einstellungsinterviews. Hierauf kann sich der Personalreferent als Interviewer vorher ausreichend vorbereiten und einen gehörigen Teil an möglichen Antworten mit den vom Bewerber vorgetragenen Aussagen oder Argumenten vergleichen. Unter Umständen äußert der Bewerbungskandidat sehr kreative Lösungsmöglichkeiten, auf die der Personalreferent oder seine Firma bisher noch nicht gekommen sind! Solch ein Ereignis ist allerdings höchst seltener Natur und bedarf zusätzlich noch des „Realitätschecks". Eher wird der Interviewer eine Reihe von Nennungen des Bewerbers auf seiner oder ihrer Liste wiederfinden.

Offene Problemfragen für ein Bewerbergespräch könnten z. B. sein:

a) Sie stehen vor einem technischen Problem (z. B. eine Konservendose zu öffnen) und haben das passende Werkzeug nicht zur Hand (z. B. keinen Dosenöffner). Auf welche Alternativen könnten Sie ggf. zurückgreifen?
b) Für heute Mittag ist eine Kundenpräsentation im Rahmen einer Auftragsausschreibung terminiert. Um 9.00 ruft Sie der hierfür vorgesehene Kundenbetreuer oder Projektmanager an, dass er nicht wie geplant die Kundenpräsentation durchführen kann, da er (oder sie) gerade einen Autounfall erlitten hat und sich mindestens für den heutigen Tag in ärztliche Behandlung begeben muss. Was würden Sie tun?

Leider ist es so, dass solche Interviewfragen häufig etwas anderes thematisieren oder diagnostizieren als Kreativität oder dergleichen Genauso gut wäre an z. B. Belastbarkeit, Stressresistenz oder Reaktionsvermögen als sogenannte Schlagfertigkeit in angespannten Situationen mit Überraschungsmanövern (also das „Coping" von stressinduzierenden Situationen), wie gerade bei einem Bewerbergespräch, zu denken. Zum Umgang mit Stress gesellen sich als Persönlichkeitseigenschaften i. d. R. noch die Selbstsicherheit oder das Selbstvertrauen dazu, die allerdings, wie bereits angedeutet, in positiver Beziehung zur Kreativität stehen.

Bei Notfallsituationen, wie sie bei der Frage b) hervorgehoben wurden, kommt es wahrscheinlich nicht nur auf die Kreativität an, sondern auch, oder insbesondere, auf Managementfähigkeiten wie Planung und Organisation, um diese kritische Situation zu meistern.

Unabhängig von der Frage der richtigen und situationsangemessenen Persönlichkeitsmerkmale benötigen Personalexperten zur Beurteilung der Bewerberreaktionen bzw. ihrer Aussagen Bewertungsschemata oder ein „handhabbares Raster". Nur die Antworten der Interviewten zu protokollieren, ist zu umständlich und taugt nur bedingt zur Urteilsfindung, selbst wenn sich die Protokollierung auf Stichworte oder kurze Kommentare beschränkt. Vor dem Hintergrund der schon in der Fachliteratur (s. z. B. Fyock, 2008; Wienkamp, 2021a, S. 191) empfohlenen Bewertungsraster könnte gerade für die Beurteilung der Kreativität das in Tab. 4.1 dargestellte Schema helfen.

Weitere fünf unterschiedliche Problemfälle für eignungsdiagnostische Untersuchungen, die mit dem vorgeschlagenen Bewertungssystem für eine Kreativi-

Tab. 4.1 Bewertungsschema zur Beurteilung von Reaktionen auf „offene" Probleme

Nr.	Reaktion oder Aussage	Bewertung	
		symbolisch	verbal
1	Versteht die Aufgabe oder das Problem nicht	(– –)	**Sehr negativ**
2	Wiederholt lediglich den Sachverhalt bzw. die Instruktion oder nennt nur Allgemeinplätze (kommt nicht auf den Punkt und nicht weiter)	(–)	**Negativ**
3	Redefiniert die Aufgabe und sucht (vergeblich?) einen Bezugs- oder Anknüpfungspunkt (sondiert)	**0**	**Neutral**
4	Verknüpft Aufgabe mit früheren Erfahrungen oder Wissen und interpretiert die Aufgabe auf der Basis einer eigenen Meinung oder eines eigenen Standpunktes (reflektiert)	(+)	**Positiv**
5	Stellt darüber hinaus konkrete Fragen oder formuliert Bedingungen für einen möglichen Lösungsweg (gibt die Richtung vor)	(+ +)	**Sehr positiv**
6	Findet entweder spontan oder nach einigen Überlegungen eine konkrete Lösung oder hat eine gute (originelle) Idee und ist von ihr selbst überzeugt (zeigt im Ansatz Kreativität)	(+ + +)	**Hervorragend**

tätsdiagnostik infrage kommen könnten, befinden sich, wie bereits angedeutet, im Anhang 1. Bei den vorgeschlagenen Problemfällen handelt es sich sowohl um *künstlerisch-ästhetische Herausforderungen* als auch um Problemfälle aus dem *sozialen Milieu* unter Beteiligung von Mitmenschen. Ersteres gibt als Aufgabe vor, entweder einen Garten anzulegen oder eine Wohnung einzurichten. Als kreative Leistungen stehen hierbei die Gestaltung und die Ausschmückung zu etwas „Schönem" im Fokus. Bei den drei sozialen Problemsituationen geht es einmal um „Konflikte" in der Familie bei der Regelung einer Erbschaftsangelegenheit sowie um zwischenmenschliche Probleme am Arbeitsplatz, z. B. bei Kompetenzstreitigkeiten infolge von Schnittstellenproblemen im Arbeitsprozess oder um die Zuständigkeit und Verantwortung für Kundenbeziehungen. Zum anderen sind sowohl umsichtige als auch „kreative" Handlungen bei einem Unfall unter Beteiligung mehrerer Personen gefragt, wenn es darum geht, entweder einen Notruf zu starten oder „Erste Hilfe" zu leisten.

Einen stärkeren Bezug zur Problemlösefähigkeit im Sinne von Analytik und Kreativität bieten sicherlich *Fallstudien,* wie sie i. d. R. parallel zu Bewerbergesprächen appliziert werden oder z. B. bevorzugt im Rahmen einer Schulung für die „Management-Business-Administration", also MBA-Ausbildung, zur Anwendung kommen. Mit der Falldarstellung und den als „Beiwerk" zur Verfügung gestellten umfassenden Informationen zum Sachverhalt soll insbesondere die Phantasie angeregt werden, was z. B. alles im Rahmen der Problemanalyse zu unternehmen ist, auf welche Informationen und Erkenntnisse es zusätzlich noch ankommt und wie die Fülle an Details zu einem schlüssigen Konzept und Lösungsweg zu bündeln und zu synthetisieren ist. Aus der angewandten Betriebswirtschaft oder Unternehmensberatung gibt es eine unüberschaubare Anzahl an Fällen, auf die diese Cover Stories zurückgreifen können. Da wären z. B.:

a) Unternehmensübernahmen (Mergers & Akquisition oder M&A-Geschäfte), die entweder aus der Funktion des *Mergers* heraus, also des Käufers des Target-Unternehmens als Zielobjekt, oder aus der Position des *„Verteidigers"* des zu übernehmenden Unternehmens, das sich mit allen zur Verfügung stehenden Mitteln dagegen wehrt und diese Situation abwenden will, zu führen sind;
b) Planung eines neuen Marktauftrittes mit einem neuen Produkt in einem wettbewerbsintensiven Markt;
c) Lösung eines Organisationsproblems entweder als Schnittstellenproblem bezüglich der Kompetenz oder Zuständigkeit von zwei konkurrierenden Bereichen oder im Rahmen eines Paradigmenwechsels z. B. von einer Linienorganisation zu einer prozessorientierten Organisation.

Zugegeben, diese Beispiele hängen sehr an strategischen Fragen oder Problemen aus der betriebswirtschaftlichen Praxis und sind wahrscheinlich ohne BWL-Kenntnisse nicht vernünftig zu bearbeiten und „kreativ" zu lösen. Deshalb sind solche Fallstudien immer auf den Arbeitsbereich der vakanten Stelle auszurichten, damit alle interessierten Bewerber oder Bewerberinnen eine faire Chance zum Erfolg erhalten.

Für eine nicht ganz ernst gemeinte Überraschung könnte im Rahmen eines Bewerbungssettings die Durchführung eines „projektiven Testes" sorgen, der hier als *„Häufigkeits-Farb-Test"* (s. Anhang 2) vorgeschlagen und zur Anwendung und Ergänzung zum Bewerberinterview gedacht ist. Hinter diesem quasi projektiven Test steht die Idee, dass kreative oder lösungsorientierte Personen im Grundsatz Anhänger von Systematiken (wie z. B. ein Kategoriensystem als Ordnungsschema) oder von einer Symmetrie sind, die sie bei jeder ihnen gestellten Aufgabe zu entdecken suchen.

Bei der Konstruktion eines etwa vergleichbaren Tests, des *„Barron-Welsch Art Scale"*, auf der Basis von figuralen Zeichnungen mit einerseits Künstlern („artists") und andererseits Nichtkünstlern („non-artists") stellte sich heraus, dass die Gruppe der Künstler Zeichnungen bevorzugte, die komplexer und asymmetrischer waren, während „the man on the street" mehr simpel-symmetrische Zeichnungen präferierte. Aus einem Bestand von rd. 400 figuralen Zeichnungen ließen sich 65 Zeichnungen finden, die besonders zwischen den beiden Subgruppen differenzierten (s. Barron, 1965, S. 17 ff.). Somit würde dieser durch mehrere Studien bestätigte Befund der oben getroffenen Annahme entgegenstehen, es sei denn, für die Gruppe einer „normalen Population" treten die Unterschiede in den Geschmackspräferenzen und Persönlichkeitsbeschreibungen, wie zwischen Künstlern und „Normalsterblichen", nicht auf bzw. verkehren sich ins Gegenteil, was zu beweisen wäre.

Eine bisher unbestätigte Hypothese wäre, dass solche Menschen sich etwas bei ihren Aktionen denken und bei diesem Test den verbalen *Häufigkeitsbegriffen* die zur Verfügung gestellten *Farben* mit einer bestimmten Absicht oder Systematik bzw. nach ihrer persönlichen Präferenz zuordnen. So wäre bei diesen Personen davon auszugehen, dass die Endpunkte der verbalen Häufigkeitsskala, also „nie" und „immer", mit den Farben „Schwarz" oder „Weiß" belegt werden. Mit dieser Wahl soll eine Präferenz für Harmonie und Gleichgewicht im Sinne Heiders (1958) zum Ausdruck kommen.

Darüber hinaus wäre als weitere, ebenfalls noch nicht bestätigte Hypothese zu erwarten, dass eher „emotional gefärbte Menschen" sich für eine *„kühle" Farbe* wie „Blau" oder „Grün" als neutralen Mittelpunkt erwärmen und eher rational und analytisch denkende Individuen „Grau" als *Mischung* von Schwarz und Weiß als deren Mitte oder Mix bevorzugen.

Testpersonen, die überhaupt nichts mit dieser Aufgabe der Zuordnung von Farben zu verbalen Häufigkeiten anfangen können, entwickeln nach dieser Theorie *keine Phantasie* für eine mögliche Systematik und sind auch nicht bereit zu „gedanklichen Spielen". Folglich wäre bei ihnen auch eher kein kreatives Denken und Handeln zu erwarten, da sie sich ungern auf ihnen unbekannte und nicht zu durchschauende Aufgaben oder Anforderungen einlassen. Ob bei diesen Personen das Zusammenspiel zwischen der linken Gehirnhälfte für die verbalen Funktionen (wie hier die Häufigkeitsangaben) und der rechten Hemisphäre für die bildlichen Vorstellungen, dargestellt und operationalisiert über die Farbgebung, harmonisch oder einander ergänzend funktioniert, sei dahingestellt.

Zugegeben, diese Schlussfolgerungen sind in diesem Stadium noch sehr spekulativ, könnten aber bei empirischer Bestätigung und Bewährung zu einer *Negativauslese* beitragen.

4.3 Direkte oder indirekte Kreativitätsdiagnostik als Alternative?

Eine *direkte* Kreativitätsdiagnostik würde sich auf die Operationalisierung und Messung der Kreativität als Persönlichkeitsmerkmal oder Konstrukt konzentrieren. Unterstützung und Umsetzung findet diese Methodik hauptsächlich durch den Einsatz von Kreativitätstests oder anderen Verfahrensweisen wie Interviewfragen oder Fallstudien (s. Abschn. 4.2).

Von *indirekter* Kreativitätsdiagnostik wäre zu sprechen, wenn die Diagnostik sich nicht allein auf das kreative Verhalten oder die kreativen Leistungen stützt, sondern auch die Kreativität beeinflussende Persönlichkeitseigenschaften, wie Neugier oder Offenheit für neue Erfahrungen, Selbstsicherheit, Intelligenz, Risikobereitschaft etc., ins Visier nimmt. Im Unterschied zur direkten Kreativitätsdiagnostik würde die Beurteilung nicht allein auf den Merkmalsfacetten der Kreativität basieren, sondern sich auf einen „Datenkranz" verschiedener Merkmalsskalen beziehen, die im Ergebnis ein stimmiges, d. h. plausibles Bild entsprechend der gewählten und relevanten Persönlichkeitstheorie abgeben sollen. Mit anderen Worten das Persönlichkeitsprofil eines „Kreativen" (inkl. des Merkmals Kreativität) muss plausibel und „rund" sein und die Erwartung, dass es sich tatsächlich um eine „kreative Persönlichkeit" handelt, mit angrenzender Wahrscheinlichkeit bestmöglich erfüllen.

Methodisch stehen hierfür zwei Ansätze bereit. Einmal über Korrelationsanalysen Beziehungsmuster zu anderen Persönlichkeitsattributen zu identifizieren und zu quantifizieren. Zum anderen mittels „Multipler Linearer Regressionsanalysen (MLRA)" den spezifischen Einfluss dieser Persönlichkeitsfaktoren auf die Kreativität als Kriteriumsvariable zu berechnen.

Als Instrumente für die genannten und in Frage kommenden Persönlichkeitsmerkmale (als UV), die wahrscheinlich mit Kreativität in enger Verbindung stehen, würden sich bekannte und weniger bekannte Verfahren im Rahmen eines multiplen regressionsanalytischen Ansatzes versuchsweise anbieten (s. Kap. 7). Beliebt ist eine MLRA in der psychologischen Forschung schon allein deshalb, um einen möglichen Zusammenhang, eine Beziehung oder einen Effekt dargestellt als Regressionskoeffizienten oder Gewichtungsfaktoren, zwischen bestimmten Indikatoren, die als Merkmalsvariablen oder Skalen auf der Basis eines theoretischen Modells bestimmt und ausgesucht wurden, und der unabhängigen Kriteriumsvariable, wie hier die Kreativität, empirisch und statistisch nachzuweisen. Über die Regressionskoeffizienten der Prädiktoren (wie z. B. Intelligenz) könnte später der voraussichtliche Einfluss (oder ihr Gewicht) auf die Kreativität als Kriteriums- oder Ergebnisvariable geschätzt bzw. annähernd prognostiziert werden. Um diesen Gedanken zu Ende zu führen und zu illustrieren, sind die

Tab. 4.2 Möglicher Einfluss ausgesuchter Persönlichkeitsmerkmale auf die Kreativität

Nr.	Merkmal oder Merkmalskomplex	Anmerkung bzw. Begründung
1	Kriteriumsvariable (AV): *Kreativität*	s. Abschn. 4.1.2
2 3 4	Prädiktoren (UV): *Intelligenz* * *Offenheit für neue Erfahrungen* * *Neugier* * *intrinsische Motivation* * *Selbstsicherheit (Selbstwertgefühl)* * *Risikobereitschaft*	Intelligenz ist notwendig für jegliche Problemlösungen (so auch für kreative Leistungen) Alternative Motivationsfaktoren sind die Antreiber für kreatives Verhalten und weisen gemeinsam in dieselbe Richtung Diese beiden Persönlichkeitsdispositionen hängen sehr stark sowohl mit der Persönlichkeitsentwicklung als auch mit der Kreativität zusammen und verstehen sich als „zwei Seiten derselben Medaille“

Merkmalskomplexe, wie Intelligenz, Motivation und Persönlichkeitsdispositionen, als Einflusszonen auf die Kreativität nebst konkreten Persönlichkeitsmerkmalen aufgelistet und dargestellt worden (s. Tab. 4.2).

Über alternative bzw. weitere Indikatoren als mögliche Einflussgrößen auf die Kreativität soll, wie bereits angedeutet, an anderer Stelle ausführlich diskutiert werden (s. Kap. 7).

4.4 Kreativdiagnostik nach „Domänen"

Ähnlich wie mit der Frage „direkte oder indirekte Kreativitätsdiagnostik“ stellt sich zusätzlich das Problem des Zusammenspiels oder der Beziehung zwischen verschiedenen Domänen innerhalb der Kreativitätsdiagnostik. Damit ist gemeint, dass sich die Situationen in unterschiedlichen Anwendungsfeldern mitunter sehr verschieden darstellen und jeweils ein eigenes Untersuchungskonzept verlangen. Grob eingeteilt kann die Kreativitätsdiagnostik sich in *drei* Domänen abspielen (s. Abb. 4.1).

Einmal im *laufenden Betrieb* durch Beobachtung und Beurteilung der Beschäftigten und ihrer Personalentwicklung von der Ausbildung oder Einarbeitung bis zu ihrem professionellen Einsatz. Wissenserwerb und Kompetenzaufbau durch Lernen, Übung und berufliche Erfahrung wären in diesem Handlungsfeld die entscheidenden Erfolgsparameter, die im Rahmen einer betrieblichen Mitarbeiterbeurteilung kontinuierlich auch auf Kreativität, Innovationsvermögen oder Problemlösefähigkeiten auszurichten und zu evaluieren sind.

Ein ganz anderer und davon zu trennender Zweig wäre der *künstlerisch-wissenschaftliche Bereich,* wo es um elitäre und zuweilen auch geniale im Sinne von außerordentlichen Leistungen geht. In dieser Domäne würde Kreativitätsdiagnostik primär sich auf Arbeitsnachweise, wie Werkstücke, wissenschaftliche Beiträge, wie z. B. eine Dissertation oder die Entdeckung bzw. Entwicklung eines neuen Wirkstoffs, beziehen.

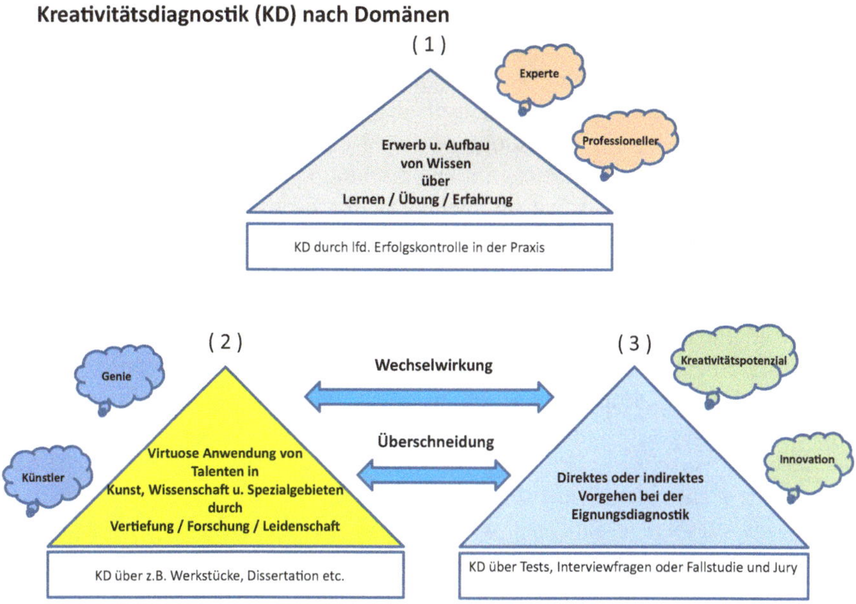

Abb. 4.1 Kreativitätsdiagnostik nach Domänen

Mit der eigentlichen *betrieblichen Eignungsdiagnostik* innerhalb der Personalauswahl haben diese Verfahrensweisen je nach Blickwinkel wenig oder gar nichts zu tun, da die kreativen Beiträge nicht so ohne weiteres in der Eignungsdiagnostik zu evozieren sind. Womöglich gibt es Wechselwirkungen und Überschneidungen sowohl in der Zielsetzung als auch in der Praxis zwischen den genannten Anwendungsbereichen von Kreativität. Somit kann in der berufsbezogenen Eignungsdiagnostik auch nicht im eigentlichen Sinne von Kreativitätsdiagnostik gesprochen werden, allenfalls sind durch die methodischen Maßnahmen, wie z. B. die Anwendung eines Kreativitätstests, nur vage oder ungefähre Aussagen in Richtung „Kreativitätspotenzial" möglich. Vorstellbar wäre in dem Zusammenhang auch, im Einstellungsinterview biographische Fragen zu stellen, wie z. B. nach den Hauptinteressensgebieten, nach der Anzahl und Art der Hobbys und nach einem speziellen Thema, mit dem sich der Bewerber oder die Bewerberin in der Vergangenheit intensiv beschäftigt hat und das ihn oder sie heute noch umtreibt. Solche Art von Fragen kann bestenfalls die Annahme von Kreativität unterfüttern und plausibler machen.

Schon in früheren Zeiten gab es Untersuchungen, die die Kreativitätsdiagnostik unabhängig von individuellen Personen betrieben, sondern aggregierte Größen wie z. B. Domänen oder sonstige Prototypen wie Berufe o. Ä. bevorzugten und sich daran versuchten. Barron (1965, S. 58 ff.) referierte eine Reihe von Studien, die versuchten, z. B. kreative Personen in bestimmten *Berufen* oder *Fachdisziplinen* zu identifizieren und die wichtigsten Beurteilungskriterien oder Persönlichkeitseigenschaften zu finden.

So wurden z. B. Architekten in den USA von einer Jury, die sich aus den Herausgebern von Fachzeitschriften rekrutierte, benannt und in eine Rangreihe entsprechend ihres kreativen Potenzials gebracht und ausgewiesen. Ebenso stuften sich die beteiligten Architekten nach der Kreativität untereinander ein. Die Übereinstimmung (bzw. Korrelation) zwischen der Jury aus Zeitschriftenherausgebern und den Architekten betrug im Durchschnitt $r = 0{,}88$. Ausschlaggebend für das Ergebnis war, dass kreative Architekten in den Fachzeitschriften viel häufiger präsent und mit „kreativen" Beiträgen vertreten waren.

Bei Schriftstellern und Forschern oder Wissenschaftlern fand die Kreativität gleichfalls ein hohes Interesse. Quintessenz für kreative Schriftsteller war, dass sie sich vor allem selbst beweisen wollten und über eine ausgeprägte *Ich-Stärke* verfügten. Allgemein gesprochen wurde ihnen ein Charakter oder ein Verhalten „mit Ecken und Kanten" nachgesagt. Gemeinsam ist ihnen auch eine besondere *Intuition,* nämlich verborgene, hintergründige Dinge wahrzunehmen und zu entdecken und dabei auf vorschnelle Urteile zu verzichten. Forscher im Wissenschaftsbetrieb entsprachen nicht einem einheitlichen Typus oder einer Rolle, sondern verteilten sich auf insgesamt *acht Subtypen,* die unterschiedlich „gestrickt" waren bzw. sich voneinander unterschieden. Hochproduktiv (und kreativ) in ihrer wissenschaftlichen Arbeit waren allerdings diejenigen, die abstraktes Denken bevorzugten und zur Synthese fähig waren und dem Konformitätsdruck in ihrer Fachdisziplin widerstanden, ohne dabei aus ihrer sozialen Rolle zu fallen. Ihre Vorliebe galt allerdings mehr der Theorie (oder der fachlichen Objektwelt) als dem sozialen Leben (s. Barron, 1965, S. 81 ff.).

4.5 Resümee

Kreativitätsdiagnostik ist, wie viele sehr wahrscheinlich wissen, eigentlich „ein Ding der Unmöglichkeit". Dennoch hat es insbesondere in der pädagogischen Diagnostik bei Schulkindern als auch in neuerer Zeit in der berufsbezogenen Eignungsdiagnostik Versuche gegeben, z. B. durch Tests kreative Leistungen oder Kreativitätspotenziale festzustellen und als solche zu identifizieren.

Für die Schuldiagnostik mittels Kreativitätstests waren die Resultate größtenteils entmutigend, da die Instrumente mit ihren Kreativitätsmerkmalen psychometrischen Standards nicht entsprachen und Kreativitätsmessungen sich als methodenabhängig im Sinne eines „Materialfaktors" erwiesen. Ähnliche Befunde verzeichneten auch eine Reihe von Validitätsuntersuchungen zu den Kreativitätstests in der Eignungsdiagnostik. Alle Kreativitätstests hatten fast ausnahmslos eine „Ein-Faktoren-Struktur" und es mangelte ihnen an differenzierten und repräsentativen Profilen zur Kreativität.

Zusätzlich zielten fast alle operativen Bemühungen darauf ab, Ideenreichtum oder Ideenvielfalt zu diagnostizieren. Manche Tests in der Eignungsdiagnostik sahen und subsumierten Kreativität als Teil der Intelligenz oder einer anderen Form des herkömmlichen Denkens, andere lehnten sich eng an ein Prozessdesign an.

Besondere Probleme bereiteten die Zeitbeschränkungen gerade in der Kreativitätsdiagnostik mittels formaler Verfahren wie Tests. An solchen Problemen, wie engen Zeitfenstern für die Aufgabenbearbeitung, krankt z. B. die betriebliche Beurteilungspraxis nicht, da Vorgesetzte über einen beliebigen längeren Zeitraum kreative Beiträge oder Leistungen ihrer Mitarbeiter oder Mitarbeiterinnen beobachten und beurteilen können und von ihnen überzeugt sein müssen.

Abgesehen von einer Kreativitätsdiagnostik im künstlerisch-wissenschaftlichen Bereich, die auf ihre Weise die Möglichkeit bietet, „Genialität" in einer bestimmten Disziplin durch Arbeitsproben oder Kunstwerke festzustellen, können eignungsdiagnostische Untersuchungen bei der Bewerberauslese allenfalls eine allgemeine („wachsweiche") Potenzialaussage oder Prognose zur Kreativität abgeben.

Egal, welche Methode, ob Kreativitätstest, Interviewfragen oder Fallstudien für eignungsdiagnostische Zwecke eingesetzt werden, um angemessene und vorbereitete Beurteilungsraster oder Schemata kommt die abschließende Beurteilung der Bewerber schon aus Gründen einer notwendigen „Interrater-Reliabilität" nicht herum. Vorzugsweise sollte sich die Kreativitätsdiagnostik nicht allein auf das Merkmal Kreativität als solches konzentrieren, sondern sich auch auf andere mit der Kreativität zusammenhängende und interagierende Merkmale stützen, was der Validitätseinschätzung zugutekommen würde. Kreativitätsmessungen können somit indirekt, also zusammen mit anderen kreativitätsbeeinflussenden Persönlichkeitsmerkmalen, und zudem auch differentialdiagnostisch dem Konstrukt Kreativität näherkommen. Kreativität ließe sich dann einerseits nach verschiedenen Facetten sowie andererseits nach unterschiedlichen Aufgabentypen oder Herausforderungen einschätzen. Frühere Forschungsaktivitäten zeigten, dass die Kreativitätsfeststellung sich auch an übergeordneten bzw. nichtindividuellen Kriterien wie z. B. Berufen o. Ä. orientieren kann.

5 Kreativität in sozialen Interaktionen und Beziehungen

Nach dem „kreativen“ Umgang mit sachlichen Herausforderungen aus der „Welt der Objekte“ und ihren offenen Problemen, für die kreative Problemlösungen manchmal schwierig zu finden sind, eröffnet sich noch ein weiteres „Spielfeld“ für kreative Lösungen, nämlich die „soziale Welt“ mit ihren vielfältigen zwischenmenschlichen Beziehungen, Problemen oder Konflikten.

Manche oder auch viele Menschen mögen sich fragen, was Kreativität eigentlich mit dem sozialen Verhalten zu tun hat, sei es in Partnerschaften oder Beziehungen oder bei sonstigen Interaktionen auf der „sozialen Bühne“. Gute Ideen oder Vorschläge in sozialen Angelegenheiten oder bei offenen Problemen können vielleicht weiterhelfen, aber „geistreiche Ideen“ oder sogar Erfindungen, was kreative Leistungen im Grundsatz auszeichnet, sind sicherlich eher nicht zu erwarten!

Bei solch einer Haltung könnte leicht vergessen werden, dass soziale Situationen zwar immer neu auftreten, also sich nicht einfach wiederholen, auch wenn sie sich ähnlich anfühlen, aber mit ihren aktuellen Bedingungen oder Imponderabilien einzigartig für die betroffenen Menschen sind. So kann zwar Streit zwischen zwei Personen häufig vorkommen, die Auslöser oder die Ursachen dafür können jeweils völlig andere sein. Jede neue Situation erfordert ein situationsangemessenes und originäres Verhalten. Solch ein Verhalten auf neue situative Herausforderungen darf berechtigterweise auch die Bezeichnung „kreativ“ im Sinne von neuartig tragen.

Menschen, die sozialen Herausforderungen immer nur auf die gleiche Art und Weise begegnen und sich „standardmäßig“ und weitestgehend konsistent verhalten, folgen meist ihren Vorurteilen, Stereotypen oder Klischees. Sie dürften mit ihren gewohnten und unreflektierten Reaktionen zuweilen oder sogar häufig „neben der Spur“ liegen und bei der Klärung sozialer Fragen oder Probleme nicht erfolgreich sein. Automatische oder stereotypische Reaktionen sind nämlich alles andere als kreativ, sondern „stumpf“ und zuweilen unpassend! Ganz zu schweigen von dem Ausweichen oder Vermeiden sozialer Begegnungen bedingt durch soziale

H. Wienkamp, *Kreativitätsdiagnostik*, https://doi.org/10.1007/978-3-662-68927-1_5

Ängste, die häufig nur Phantasieprodukte oder Einbildungen sind und Menschen in die soziale Isolation und Einsamkeit treiben.

Auch wer im Zuge seiner Gedanken und Handlungen nicht auf seine Gefühle hört, dürfte sich ebenfalls einen wesentlichen Zugang zur Erkenntnisgewinnung verbauen. Affektive Eingebungen, auch als Intuition bekannt, verhelfen dazu, auf soziale Störungen, z. B. in der Kommunikation mit einem Gesprächspartner, aufmerksam zu werden, und verschaffen die Möglichkeit, dies anzusprechen und um Rückmeldung und Klärung zu bitten. Somit gehört auch die emotionale Seite zur Kreativität in sozialen Belangen und sie gibt den gehegten Gedanken und Vorstellungen Orientierung und „Flankenschutz" aufgrund der sie begleitenden Gefühle.

Um die soziale Welt, d. h. unsere Mitmenschen und uns selbst zu verstehen, macht sich jedes Individuum so seine oder ihre Gedanken und kleidet sie in „soziale Konstruktionen", die aus den eigenen Wahrnehmungen, Vorstellungen, Phantasien, Erfahrungen und Empfindungen bestehen und subjektive Phänomene sind. Der Ausfluss eigener sozialer Konstruktionen ist nicht nur individuell einzigartig, sondern auch virtuos und, wenn man so will, sehr kreativ im Sinne von originell!

Soziale Konstruktionen sind das Resultat *„sozialer Kognitionen"*, die in Form mentaler und emotionaler Prozesse, wie situative Wahrnehmungen und Interpretationen, oder auch persönlicher Einstellungen wie Vorurteile oder Stereotype sich ergeben. Emotionale Empfindungen, wie z. B. die Freude über ein ehrlich gemeintes Lob, oder auch gedankliche Vorstellungen und Bewertungen gehören zu den sozialen Konstruktionen bzw. Kognitionen ebenso dazu. Nicht zuletzt zählen auch die zu beobachtenden Absichten und Reaktionen im Verhalten einer Person zu den sozialen Kognitionen. Soziale Kognitionen schließen ferner auch die Selbstwahrnehmung und Selbstbeurteilung der eigenen Person in sozialen Situationen, also „das (eigene) Selbst", mit ein.

Um überhaupt kreativ wahrnehmen zu können, muss ein Individuum erst einmal externen Ereignissen genügend Aufmerksamkeit schenken. Nur wahrgenommene externe Stimuli werden nach Auffassung der „Forschungs-community" zu „inneren Repräsentanzen". Da anscheinend die meisten Personen Optimisten sind, finden negative oder überraschende Geschehnisse i. d. R. ein größeres Interesse, wie z. B. ein schwerer Unfall oder ein Verbrechen (s. z. B. Fiske & Taylor, 1991). Es sei denn, die Ereignisse sind aus sich heraus interessant oder ansprechend, wenn sie z. B. Gefühle „in Wallung bringen" oder spektakuläre Vorstellungen oder Bilder erzeugen, wie z. B. die Schilderung einer ungewöhnlichen Begegnung (z. B. mit einer der Öffentlichkeit bekannten Person wie z. B. ein Filmstar oder Spitzensportler). Anders die „Primacy-Effekte" (oder auf Deutsch: vorab induzierte Beeinflussungen), die den Weg bahnen zu vorhandenen persönlichen Bewertungssystemen und nicht selten in Aktion treten, wenn bestimmte Reize mit bewusster manipulativer Absicht vor dem eigentlichen Vorgang appliziert wurden. Solche Wahrnehmungen können auf spätere Problemlösungen oder kreatives Verhalten sowohl *positive* (z. B. Problemsensibilisierung) als auch *negative* Auswirkungen (z. B. Widerstand oder Reaktanz) haben.

Beurteilungen (Schlussfolgerungen oder Inferenzen) sind ein Prozess, der aus dem Sammeln und Kombinieren von Daten und Informationen besteht, die zu einem Urteil oder zu einer Entscheidung führen. Helfen könnte hierbei die Beachtung einiger Grundsätze, Regeln oder Erkenntnisse der Kognitionsforschung, wenngleich die „künstliche Welt" der Experimentallabore nicht unbedingt mit der sozialen Wirklichkeit vergleichbar ist und i. d. R. unmittelbar dort keine Anwendung findet.

In spezifischen Situationen könnten normative, wissenschaftlich erprobte Regeln hilfreich sein und zur Vermeidung von Fehleinschätzungen beitragen, wenn z. B. Entscheider beherzigen, dass eine konkrete Problemsituation oder ein Ereignis als Einzelfall nicht unbedingt repräsentativ sein muss. Unter gleichen Bedingungen könnten auch alternative Ereignisse auftreten, wie es z. B. bei mehrfachen Stichprobenziehungen mit unterschiedlichen Ergebnissen zu erwarten wäre. Analogien bestehen ebenso zu Lotterien und Glücksspielen, deren Spielausgänge nicht bestimmbar sind und sehr verschieden ausfallen können, wie Gewinn oder Niete bei einer Lotterie oder der unbestimmte, zufallsbedingte Wechsel der Farben Rot oder Schwarz beim Roulettespiel.

Anders ist die Situation, wenn Grundwahrscheinlichkeiten als Häufigkeitsangaben existieren, die ein bestimmtes Ergebnis mit einer gegebenen Wahrscheinlichkeit erwarten lassen. Von daher ist es eigentlich unverständlich, dass extreme Ereignisse, die nur sehr selten vorkommen, aufgrund ihrer „Wucht" oder Stärke und ihres Aufsehens sehr viel mehr Beachtung finden und ihnen mehr Glauben geschenkt wird hinsichtlich ihres möglichen oder wiederholten Auftretens in der Zukunft. Zurückzuführen ist diese unwillkürliche Reaktion auf die *„Verfügbarkeitsheuristik"* von Kahneman und Tversky (s. z. B. Tversky & Kahneman, 1974/2008). Nach dieser Heuristik denken Menschen spontan an konkrete spektakuläre Ereignisse, wenn sie nach bestimmten Vorkommnissen gefragt werden (z. B. erinnern sie sich bei einer Frage nach den häufigsten Todesursachen mehr oder weniger spontan an aufsehenerregende Mordfälle o. Ä.), die allerdings nicht so häufig wie gedacht vorkommen.

Kreativität kann im Sozialverhalten der Menschen potenziell grenzenlos sein und immer wieder für Überraschungen sorgen. Kreatives Verhalten kann insbesondere bei folgenden Anlässen auftreten:

a) Kreativität zum Verständnis anderer Menschen und deren sozialer Situation
b) Kreativität in sozialen Umgangsformen wie z. B. Höflichkeit, Freundlichkeit etc.
c) Kreativität zur Erhaltung und Verbesserung sozialer Beziehungen

Umfangreiche Ausführungen zu den Modellen und Studienergebnissen zu „sozialen Kognitionen" bietet z. B. das Fachbuch von Fiske und Taylor (1991) an sowie das Lehrbuch der Sozialpsychologie von Jonas, Stroebe und Hewstone (Hrsg., 2014) als „Sammelband" zahlreicher sozialpsychologischer Theorien und Untersuchungsbefunde.

5.1 Kreativität beim Verstehen anderer Menschen

Um andere Menschen besser zu verstehen, braucht es womöglich eine Theorie, also eine Vorstellung von Intentionen und Verhaltensgründen oder Ursachen und deren Auswirkungen im Verhalten. Insofern ist jeder Mensch auf Schlussfolgerungen (Inferenzschlüsse), wie z. B. auf „Attributionen" aus dem wahrgenommenen Verhalten anderer Personen, angewiesen. Attributionen sind nichts anderes als (spekulative) Ursachenzuschreibungen oder mögliche Gründe für ein beobachtetes Verhalten. Sie können zutreffen oder auch nicht zutreffen.

Neben Attributionen unterstützen Bewertungsschemata als Kategoriensysteme die Menschen bei ihren Versuchen, soziale Geschehnisse zu verstehen und hieraus die richtigen Schlüsse zu ziehen.

5.1.1 Attributionen können Erklärungen beisteuern und zum Verständnis beitragen

Menschen pflegen entweder nach *internen,* in der Person liegenden Gründen zu attribuieren, wie z. B. Charaktereigenschaften, Fähigkeiten oder auch nach der Motivation, etwas zu tun, um sich in einer bestimmten Form zu verhalten. Oder sie machen äußere *externe* Gründe, die eher der aktuellen Situation geschuldet sind, dafür verantwortlich. Das kann auch Glück oder Zufall sein. Mentale Prozesse können darüber hinaus entweder analytisch oder ganzheitlich ausgerichtet sein. – Ein Lied besteht z. B. sowohl aus Tönen, die durch Noten genau beschrieben sind, als auch aus einer (ganzheitlichen) Melodie, wie Fiske und Taylor (1991, S. 4) diesen „Dualismus" zutreffend illustrierten.

Individuen können auch sehr kreativ in ihren Erklärungen oder Meinungsbildungen über bestimmte Dinge, Ereignisse oder Entwicklungen sein. Häufig greifen sie aber auf die nächstliegende oder auf eine einfache Begründung zurück, die nicht unbedingt richtig oder gut durchdacht und begründet sein muss. In der Sozialpsychologie ist dann von dem von Taylor so genannten *„cognitive miser model"* (s. z. B. Fiske & Taylor, 1991, S. 13), also vom *„kognitiven Geizhals"* die Rede, der mental „auf Sparflamme" agiert. Im Prinzip handelt es sich hier um eine Vermeidungsreaktion oder um einen Ausweg als Schutz vor einer geistigen Überforderung, was an die Erforschung „hedonistischer Verzerrungen" (Kahneman, 2012) erinnert, die als „geistige Schnellschüsse" das Produkt „mentaler Faulheit" oder Bequemlichkeit sind.

Letztendlich dienen diese Mechanismen dazu, unser soziales Leben kalkulierbar und voraussehbar, also handhabbar zu machen, auch wenn gelegentlich Irrtümer oder Missverständnisse zu beklagen sind. Aus diesem Grunde hat die wissenschaftliche Forschung einige Überlegungen angestellt und für die Erklärung dieser Mechanismen Theorien oder Modelle entwickelt. Nach dem *„Kovariationsmodell"* von Kelley (zit. nach Fiske & Taylor, 1991, S. 23) hängen soziale Schlussfolgerungen davon ab, ob

a) ein beobachtetes Verhalten einer Person „X" in einer bestimmten Situation *exklusiv* auftritt, wenn z. B. nur diese Person „X" das Verhalten zeigt;
b) solch ein Verhalten der Person „X" *konsistent* ist und immer in bestimmten Situationen auftritt (z. B. gegenüber einer anderen Person „Y");
c) dieses Verhalten *personenunabhängig* auftritt und nicht nur gegenüber Person „Y", sondern auch gegenüber anderen Menschen.

Da sich diese *drei* Bedingungen variieren lassen (z. B. nach höherer vs. niedriger Ausprägung), ergeben sich mindestens *acht* „kreative" Inferenzen über das beobachtete Verhalten der Person „X".

Aus der Forschung über die Leistungsmotivation sind noch die Zuschreibungen als Schemata „interne vs. externe Ursachen", „zeitlich stabil vs. instabil" und „kontrollierbar vs. nicht kontrollierbar" bekannt und hinzuzufügen. Menschen nutzen diese Schemata bei der Ursachenerforschung von Erfolg vs. Misserfolg in ihren Leistungen sowohl bei sich selbst als auch bei anderen Personen und nutzen dieses Wissen für Erfolgsvorhersagen beim nächsten Versuch oder Anlauf. Auf der affektiven Ebene tritt dann unweigerlich die *„Hoffnung auf Erfolg"* oder die *„Angst vor Misserfolg"* auf (s. Heckhausen, 1963). Für die Diagnostik der Leistungsmotivation ist die *Erwartung* z. B. generell ein guter Indikator, der für die Prognose selbsteingeschätzter Leistungen zu gebrauchen ist, insbesondere dann, wenn die begleitenden Gefühle mitschwingen und eine angemessene Berücksichtigung finden (vgl. Fiske & Taylor, 1991, S. 519).

Andere Forschungsansätze, ergänzend zur oder außerhalb der Attributionsforschung, widmeten sich deshalb zum einen den *Differenzen* zwischen den vorhergehenden Erwartungen über ein Ereignis und dem tatsächlichen Ergebnis oder Ist-Zustand dieses Ereignisses, zum anderen den (malignen) *Abweichungen von einer Norm,* die unwillkürlich eine Ursachenerforschung einleiten oder auslösen. Im ersten Falle verursacht eine unerwartete Niederlage in einem Spiel vielfältige Spekulationen über die Gründe des Spielausgangs, wenn alle Beteiligten von einem sicheren Sieg ausgingen. Die Entdeckung eines Knotens in der Brust dürfte große Ängste bei einer Patientin auslösen, dass möglicherweise eine Tumorerkrankung als Abnormität vorliegt. Zur Abklärung und Diagnosestellung sind nicht zuletzt auf Wunsch des Patienten (oder der Patientin) prompt weitere ärztliche Untersuchungen wie z. B. eine Gewebeprobe nötig.

Anscheinend waren in den Experimenten zur Urteilsforschung Probanden nicht dazu in der Lage, den situativen Umständen oder Informationen die genügende Beachtung und Aufmerksamkeit zu schenken, wenn sie entweder durch „Multitaskingaufgaben" mental beschäftigt oder abgelenkt waren oder wenn ihnen die zu beurteilenden Geschehnisse ambivalent vorkamen. In solchen Situationen waren die Versuchspersonen, wie bereits erwähnt, ein „cognitive miser" und neigten zu eher allgemeinen bzw. globalen Urteilen über die Verhaltensursachen der zu bewertenden Zielperson. Bevorzugt würden sie in diesen Momenten das Verhalten auf Persönlichkeitseigenschaften, wie z. B. die Annahme einer aggressiven Persönlichkeit o. Ä., als Erklärung zurückführen und darauf reduzieren. Entspannte Probanden bezogen die situativ vorhandenen Informationen viel stärker in ihre Urteilsfindung ein und leisteten damit möglichen kreativen Ideen oder Lösungen einen wichtigen Dienst und Vorschub.

Gerne gehen Menschen davon aus, dass ihre persönliche Meinung oder ihr individuelles Verhalten in einer konkreten Situation auch von den meisten anderen Mitmenschen geteilt wird und Zustimmung findet, was nicht unbedingt stimmen oder zutreffen muss. Auszugehen ist dann von einem sogenannten *falschen Konsens* als Denk- oder Urteilsfehler, der, wie die Forschung zeigte, nicht so selten vorkommt. Besonders vorherrschend tritt dieser Trugschluss auf bei persönlichen Einstellungen oder Meinungen, die für das Individuum eminent wichtig sind. Oder wenn die situativen Umstände eindeutig sind und eine Verursachung durch spezifische Persönlichkeitsfaktoren, z. B. eingebettet in der Aussage: „Der war schon immer ein komischer Kauz!", nicht offensichtlich ist. So gehen z. B. Fans eines Sportvereins irrigerweise davon aus, dass auch andere Leute z. B. in demselben Ort ihren Verein ebenso schätzen und die gleiche Begeisterung aufbringen wie sie selbst. Im Ergebnis wiegen sich diese Personen in eine falsche Sicherheit, dass ihre Einschätzungen allgemeingültig sind, und fördern eine egozentrische Wahrnehmung der sozialen Realität (s. hierzu im Detail die Ausführungen z. B. von Fiske & Taylor, 1991)!

Eine an sozialen Ereignissen oder Beziehungen interessierte Kreativitätsuntersuchung würde diese verschiedenen Möglichkeiten einer Verursachung durchspielen und versuchen, sowohl positive Ansätze zur Kreativität als auch negative Bedingungen oder Einschränkungen zu finden. Ähnlich der an der Lösung von sachbezogenen Problemen orientierten Kreativitätsforschung kommt es auch in sozialen Milieus sowohl auf die Produktion guter Ideen als auch auf eine „geistige Wendigkeit" oder Flexibilität in der Gedankenführung an. Während Ideen oder Einfälle sich zumeist eher spontan einstellen, hängt die Flexibilität im Denken und Handeln von verschiedenen persönlichen Faktoren oder Voraussetzungen ab, wie z. B. dem Vorwissen oder dem „emotionalen Gedächtnis" (s. Abschn. 2.2), oder vom geschickten Gebrauch bereits gelernter und etablierter Bewertungsschemata mit ihren jeweils passenden Kategorien. Nicht zu vergessen oder zu ignorieren sind die festeingefahrenen und zementierten Einstellungskomplexe, die jegliche Beweglichkeit und Veränderungsbereitschaft blockieren oder zu unterbinden wissen.

5.1.2 Kategoriensysteme dienen der sozialen Orientierung und unterstützen laufende Beurteilungen

Schemata als selbst geschaffene Klassifikationssysteme oder „implizite Persönlichkeitstheorien" als angenommene und zusammenhängende Eigenschaftsmuster oder Merkmalsprofile ergänzen zusätzlich die sozialen Kognitionen bei Urteilsprozessen, um den Menschen die soziale Orientierung zu erleichtern. Soziale Schemata sind Kategoriensysteme zur Einordung und Bewertung von Personen oder zur Deutung sozialer Situationen oder Beobachtungen, vergleichbar mit dem, was allgemein als *„Schubladen"* im Sinne von Kategorien apostrophiert wird. *Implizite Persönlichkeitstheorien* meinen hingegen den Zusammenschluss willkürlich bestimmter Persönlichkeitsmerkmale zu einem zusammengehörigen Muster, wie z. B.: „Wer gut aussieht, muss auch klug sein!"

Raster oder Schemata, wie sie hier für soziale oder interpersonale Belange verstanden werden, wirken auf die Beurteilung anderer Individuen und auf das *Verständnis* sozialer Angelegenheiten, wie Probleme oder Konflikte überhaupt, sowohl mit ihrer Vielfalt und Auswahl als auch mit ihrer Festigkeit oder Rigidität auf die Urteilsfähigkeit ein. Ein Mensch mit einer sehr begrenzten Vorstellung von der „sozialen Welt“, die sich in Form eher weniger Schemata als *Stereotypen* oder *Vorurteile* zeigen, wird soziale Situationen nach seinen gewohnten Rastern oder Stereotypen und mit einem eher polarisierenden, also extremen *„Schwarz-oder-weiß-Denken“* bevorzugt wahrnehmen und bewerten und wahrscheinlich jegliche Kreativität vermissen lassen. Schwarz-weiß-Denken soll sowohl das menschliche Miteinander als auch die Kreativität und Flexibilität im Denken spürbar behindern (s. Ullrich & Ullrich, 1982, S. 178). Nicht zu unterschätzen ist auch die massive Verkrustung bzw. Verfestigung dieser Schemata, die unweigerlich eine *Rigidität* in der Einstellung und im Verhalten heraufbeschwören.

Kreativ wären dann eher diejenigen Personen, die über mehrere und differenziertere Bewertungsschemata verfügen, die zudem noch nicht fest zementiert sind, sodass sie soziale Geschehnisse aus verschiedenen Blickwinkeln mit unterschiedlichen Bewertungssystemen betrachten und einschätzen können und für neue und insbesondere inkonsistente Informationen offen sind. Kurzum: Sie beherrschen die Kunst, „über den Tellerrand“ hinauszusehen, und haben keine Angst, sich mit neuen Gedanken oder Sichtweisen zu infizieren. Somit wären sie generell im Stande, ihre Beobachtungen einmal mithilfe eines passenden Kategoriensystems als Raster zu erfassen und neue passende Beobachtungen oder Erfahrungen zu assimilieren, d. h., die neuen Informationen oder Erkenntnisse in ihr Raster aufzunehmen und zu integrieren. Zum anderen wären sie dazu bereit, bei Bedarf ihr Schema über den Vorgang der „Akkommodation“ zu modifizieren und der neu entstandenen Situation anzupassen. *Flexibilität, Lernen* und *Veränderungsbereitschaft* wären die Attribute, die „Kreative“ in ihrer sozialen Umgebung auszeichnen und sie, wenn man so will, zu „neuen Ufern“ führen. Mithilfe der psychologischen Mechanismen *Assimilation* und *Akkommodation* erfolgt im Übrigen entweder die wiederholte Bestätigung oder notwendige Anpassung des Selbstkonzeptes (vgl. z. B. Filipp, 1984).

Aus der sozialpsychologischen Forschung über „soziale Kognitionen“ ist hierzu noch beizusteuern, dass Schemata stets vom Kontext abhängen und deshalb erst einmal durch das alltägliche Leben und aufgrund der gemachten Erfahrungen zu entwickeln sind. Menschen suchen entweder nach „Prototypen“, die das zu entwickelnde Schema am besten oder idealtypisch repräsentieren (z. B. eine bekannte Persönlichkeit aus dem Showbusiness als „Role Model“), oder sie orientieren sich an einem „passenden Beispiel“ aufgrund früherer Begegnungen oder Erfahrungen und wählen eine ihnen persönlich bekannte Person.

Prototypen beinhalten bestimmte mehr oder weniger zutreffende Merkmale und geben ein ungefähres Bild oder Profil der gemeinten sozialen Vorstellung oder Figur ab. Merkmalsprofile von Prototypen sind daher häufig verschwommen und nicht eindeutig voneinander abgegrenzt. Beispiele aus dem alltäglichen Leben sind als Muster zumeist konkrete Personen aus der Vergangenheit, die diese soziale

Kategorie ausfüllen und sehr gut darstellen, wie z. B. „mein früherer Klassenlehrer ‚X‘ wäre für mich der ideale Lehrer!“

Schemata enthalten aufgrund früherer Erfahrungen schon ein Kategoriensystem und setzen sich daher mehr mit neuen Informationen auseinander, die das System entweder bestätigen sollen oder eben nicht! In einem Schema oder Kategoriensystem sind auch die Beziehungen zwischen den Merkmalen oder Kategorien bereits definiert und geklärt. Die Sozialpsychologie differenziert nach verschiedenen sozialen Schemata, wie Personen, Rollen, Ereignissen und dem Selbst. Kategoriensysteme legen Wert auf maximale Differenzierung, d. h., die Variabilität innerhalb einer Klasse ist zu minimieren und zwischen den Klassen oder einzelnen Kategorien zu maximieren. Fanclubs eines Fußballvereins werden sich wahrscheinlich als sehr ähnlich in ihren Ansichten und Überzeugungen sehen und einstufen und eine große Übereinstimmung untereinander erleben, während sie zu anderen Fanclubs eine künstlich geschaffene Distanz und Abgrenzung entwickeln, die sie offensiv durch ihr Verhalten nach außen tragen (z. B., wenn andere Fanclubs zum Feindbild erkoren werden).

Aus zunehmender Distanz oder Verschiedenheit zwischen den Kategorien erwachsen Stereotypen, z. B. als Rollenzuschreibungen, die für die Person den zukünftigen Erkennungsprozess bzw. die Identifizierung dieser typischen Rollen oder Repräsentanten erleichtern sollen. Stereotypen oder Vorurteile dienen und fördern demnach die Selbstgewissheit und sie tragen zur Stabilität des Schemas oder Bewertungssystems bei. Primär konsistente Beobachtungen werden folglich zur Kenntnis genommen und inkonsistente dagegen i. d. R. oder häufig ignoriert oder schlichtweg vergessen.

Meist gehen die Bestrebungen dahin, den Status quo eines Kategoriensystems zu erhalten, was eher der Kreativität entgegensteht, da neue Impulse nicht durchdringen und zugelassen werden. Sollte es allerdings so sein, dass das bestehende Bewertungssystem nicht mehr aufrechtzuerhalten ist, da es nicht praxistauglich ist und massive Nachteile oder Kosten in sich trägt, ist eine Veränderung oder Anpassung wahrscheinlich und nicht mehr ausgeschlossen. Eine *„Self-fulfilling prophecy“*, die für die Lebenswirklichkeit schädlich und kontraproduktiv ist, wäre z. B. durch die Beibehaltung eines unseligen Status quo gekennzeichnet, indem durch die ständigen negativen Erfahrungen das aktuelle Bewertungsschema künstlich, also realitätswidrig, bestätigt wird. Zu denken wäre z. B. an die illustrative „Szene mit dem Hammer“ von Watzlawick (1983/2010), die von der irrigen Vorstellung einer Person ausging, dass der Nachbar unwillig wäre, den begehrten Hammer zu verleihen, und deshalb von der Person dafür beschimpft wurde! – Dass die Reaktion des zu Unrecht bescholtenen Nachbarn genau der „sich selbst erfüllenden Prophezeiung“ entsprach, dürfte kein Geheimnis bleiben und nicht sonderlich überraschen. Ohne aktive Hilfe von außen mit der Aufforderung und Einleitung genau der gegenteiligen Erfahrungen sind „sich selbst erfüllende Prophezeiungen“ nicht zu eliminieren.

Beurteilungen unter Zeitdruck behindern Menschen ebenso, beurteilungsrelevante Informationen zu suchen und zu finden, da sie aus Effektivitätsgründen das gewohnte

Schema einsetzen – und womöglich kreative neue Lösungen verhindern. Narrative Modelle als Beurteilungsschema, die in eine „Cover Story" eingebunden sind, die sich zwar stimmig anhört, aber nicht der Situation angemessen ist, stehen ebenfalls neuen Einsichten oder Erfahrungen im Wege, denn sie wirken selbstbestätigend. Wissenschaftliche Modelle oder Verfahrensweisen nehmen dagegen neue Erkenntnisse oder Kritik am Status quo aus naheliegenden oder berufsbedingten Gründen auf bzw. aus Forschungsinteresse ernst und sind zu kreativen Veränderungen bereit und ihnen gegenüber aufgeschlossen. Schon die Suche nach neuen Erkenntnissen über den Weg der Falsifikation, also der Suche nach und der Exploration oder Überprüfung von Gegenbeweisen, die den gegenwärtigen Erkenntnisstand oder Status quo infrage stellen, mag als Zeugnis dafür gelten. Selbstverständlich sind solche selbstkritischen Aktivitäten in der Praxis eher nicht, da sie unsere liebgewonnenen und gewohnten Verhaltensreaktionen kontakarieren und ausbremsen.

Instabile Schemata sind hingegen, wie bereits angedeutet, nicht gefestigt und für widersprüchliche bzw. inkonsistente Informationen empfänglich. Sie stellen sich sozusagen als Klassifikations- oder Kategoriensystem noch selbst infrage, was eine Voraussetzung für kreatives Denken und Verhalten wäre. Schemaveränderungen sind u. a. notwendig, um „kritische Lebensereignisse", wie z. B. den Tod oder Verlust des Ehepartners o. Ä., zu überwinden, die eine Neubesinnung der Situation für den betreffenden Menschen und ein (erfolgreiches) „Coping" im Allgemeinen mit oder in der nun anstehenden ungewissen Zukunft erfordern. Auf die Spitze getrieben, oder wenn es „hart auf hart kommt", vermögen „Kreative" sich völlig von ihren erworbenen Bewertungsrastern zu lösen und sich auf die Zielperson als einzigartiges Individuum zu konzentrieren, um sie bestmöglich wahrzunehmen und sie zu verstehen. In der Psychotherapie ist damit der Vorgang der *„Fokussierung"* und der *„Empathie"* für die Lage des Klienten gemeint.

In der Abhängigkeit von den eigenen Schemata unterscheiden sich somit kreative Menschen von nicht oder weniger kreativen Menschen in sozialen Beziehungen. Dass das soziale Verständnis kreativer Menschen viel ausgeprägter und akkurater ist, darf sicherlich vorausgesetzt werden.

Bevor Individuen eine Personenbeurteilung nach ausgewählten Persönlichkeitsmerkmalen vornehmen, haben sie die Zielperson nach den ihnen geläufigen Rollen oder Stereotypen sicherlich „gescannt", also durchleuchtet und fixiert. Dazu gehört auch die Zuordnung nach Subgruppen, die bei Bedarf „kreativ" gebildet werden, wenn z. B. die Kategorie „Frau" nach Subgruppen oder Unterkategorien, wie z. B. „Karrierefrau", differenziert und aufgeteilt wird, weil es sich für diese zu bewertende Zielperson gerade so fügt und aufdrängt.

Mehr Ideen könnten auch entstehen, wenn bestimmte Impulse nach dem *„Parallel-Distributed-Processing-(PDP-)Modell"* von McClelland et al. (1986; zit. bei Fiske & Taylor, 1991, S. 309 f.) sich ergeben. Dieses Modell geht anstelle von sequentiellen Prozessschritten von verstreuten Items in verschiedenen Schemata aus, die simultan (wie „Glühbirnen" bei Betätigung eines Lichtschalters) aktiviert werden, so dass es aufgrund der möglichen Kombinationen oder Konstellationen zu neuen Ideen kommt.

5.1.3 Kreativität bei Urteilen und Entscheidungen unter Unsicherheit

Entscheidungen unter Unsicherheit kommen gerade in sozialen Situationen vor, wie z. B. die Entscheidung, einen bestimmten Bewerber einzustellen oder mit einem Lebenspartner zunächst eine gemeinsame Wohnung zu teilen und zusammenzuziehen. Nach den Erkenntnissen der Forschung über Urteilsbildungen und Entscheidungen treffen Menschen häufig Fehlurteile oder falsche Entscheidungen gemessen an den bekannten normativen Modellen. Normative Modelle kennen z. B. keine Urteilsverzerrungen aufgrund hedonistischer Einflüsse, oder sie ignorieren sonstige Urteilsschwächen, wie z. B. das Unvermögen, gegebene Zusammenhänge als Korrelation zu erkennen und zu nutzen, oder, das Gegenteil davon, *„illusorische Korrelationen"* anzunehmen, die nicht existieren (s. Fiske & Taylor, 1991, S. 368 ff.).

Nun, Entscheider sind in realen Situationen ganz anderen Bedingungen ausgesetzt, die relativ wenig mit der „idealtypischen" Vorstellung von normativen Modellen zu tun haben. Normative Modelle gehen z. B. von konstanten Bedingungen aus, d. h., sie unterstellen die *„Ceteris-paribus-Bedingung"* entweder generell in allen vorkommenden oder ausgewählten Situationen, während in der realen Welt „vieles im Fluss ist" und sich alles oder vieles fortwährend ändert. In einer dynamischen Welt müssen die Entscheider kreativ sein und versuchen, nach ihren Vorstellungen bestmöglich und situativ angemessen zu handeln. In der Regel wissen die Menschen erst im Nachhinein, ob ihre Entscheidung oder ihr Handeln richtig war oder nicht, da es zum Zeitpunkt der Entscheidung keine Anhaltspunkte oder Kriterien gab, die einen Optimalitätsanspruch in der Urteilsfindung hätten erfüllen und nachkommen können. Auch sollte nicht vergessen werden, dass Entscheidungen in der Realität ggf. auch revidierbar oder korrigierbar sind, wenn es die Umstände oder die Situation verlangen, z. B. nach entsprechendem Feedback von anderen betroffenen Personen.

Solch ein Korrekturverhalten ist eigentlich nichts anderes als „Lernen aus Erfahrung" – oder, wie der Volksmund es ausdrückt: „Schaden macht klug!"

Eine berechtigte Frage drängt sich abschließend in diesem Kontext auf: Was ist denn kreativ beim Verständnis für andere Menschen und ihre aktuelle persönliche Lage sowie bei Beurteilungen und Entscheidungen überhaupt, und wie kann das festgestellt werden? Ob nun Kreativität die zutreffende Bezeichnung oder das „Gütesiegel" für das Verstehen und die Gestaltung eines sozialen bzw. interaktiven Prozesses ist, sei dahingestellt. Ohne Zweifel sind die Möglichkeiten des sozialen Verständnisses, der Beurteilungen und Entscheidungen sehr vielfältig, und sie sind auch nicht immer richtig und förderlich, wenn sich falsche Erwartungen oder Beurteilungsfehler einschleichen.

Entscheidungen beziehen sich nicht nur auf die Gegenwart, das „Hier und Jetzt", sondern sie können ebenso eine Mutmaßung oder Voraussage sein und prognostische Bedeutung erlangen. „Prognosen sind schwierig, besonders, wenn sie die Zukunft betreffen oder voraussagen sollen!", wie ein gern gebrauchter Kalauer dieses Dilemma zum Ausdruck und auf den Punkt brachte. Für Voraussagen über Verhaltensreaktionen z. B. in sozialen Situationen gilt das gleiche Problem wie bei der Prognose von sonstigen, eher „dinglichen" bzw. situativen Ereignissen (z. B. die Entwicklung der Börsenkurse im nächsten Jahr). Bei allen diesen Gelegenheiten ist Kreativität vor allem in der Methodik angesagt, um zu halbwegs realistischen bzw. sehr wahrscheinlich zutreffenden Vorhersagen zu kommen.

Kognitionsforscher griffen in letzter Zeit die damals zu Ruhm und Aufsehen gekommene Debatte von Meehl (1954) zwischen *„klinischer Urteilsbildung"* und *„statistischer (oder mechanischer) Urteilsbildung"* zur Diagnosefindung oder für Prognosen in diesem Kontext wieder auf (vgl. Kahneman et al., 2023). Vom *„statistischen Denken"*, das auftretende Ereignisse mit ähnlichen Vorgängen vergleicht mit dem Ziel, Gemeinsamkeiten oder statistische Übereinstimmungen (wie Korrelationen) festzustellen, soll sich das *„kausale Denken"* mit dem Hang, auf erlebte Geschichten oder Narrative als Erklärungsmuster (auch für spätere Vorhersagen) zurückzugreifen, in gleicher Weise fundamental unterscheiden.

Kausales Denken ist allerdings vergangenheitsorientiert. Es verfolgt den Weg zurück vom Ergebnis bis zu dessen Auslöser oder Ursache und versucht einen Ansatz oder Mechanismus (z. B. einen Algorithmus) durch die Aufhellung der Beziehungen zwischen den Prozessvariablen zu entdecken. Nicht abzustreiten ist, dass kausales Denken eine gewisse Ähnlichkeit mit den bereits bekannten *Attributionen* (s. Abschn. 5.1.1) als Urteile oder Verursachungszuschreibungen im Rahmen sozialer Interaktionen hat.

Statistische Analysen für Beurteilungen und Prognosen bleiben dem mathematisch-statistischen Vorgehen treu und berechnen bzw. quantifizieren existierende Zusammenhänge zwischen den Variablen unter der Prämisse, dass diese Zusammenhänge auch in der Zukunft sehr wahrscheinlich Bestand haben (was häufig richtig ist und vorkommt). Alle Rechenoperationen laufen unter Zuhilfenahme der Mathematik formalistisch und mechanisch ab und kommen in sozialen Situationen nur zu bestimmten Zwecken und in Ausnahmesituationen (z. B. in Experimenten oder bei Erhebungen) vor. Kenner der Materie unterziehen ihre objektiven oder subjektiven Wahrscheinlichkeitserwartungen (die *A-priori*-Wahrscheinlichkeiten) mithilfe des *„Bayes-Theorems"* einem kontinuierlichen „Updating" auf der Basis gewonnener Erfahrungen und verbessern dadurch ihre Prognosen (die *A-posteriori*-Wahrscheinlichkeiten).

Probabilistisches Denken geht darüber hinaus und integriert *statistische* Aussagen oder Wahrscheinlichkeitsannahmen (wie Basiswahrscheinlichkeiten von konkreten Ereignissen wie z. B. Krankheiten oder Unfälle) mit auf Fakten oder Berechnungen gestützten *intuitiven* Einschätzungen für (spekulative) Voraussagen egal welcher Couleur. So wäre im einfachsten Fall aus unterschiedlichen Beobachtungsdaten die Mittelwertbildung eine wahrscheinlich zutreffende Tendenzaussage über das Auftreten eines Ereignisses oder einer Reaktion im Allgemeinen, falls nicht andere Argumente oder Fakten dagegen sprechen. Zum Beispiel kann es vorkommen, dass ein Vorgesetzter tendenziell eher *milde* urteilt und *gute* Leistungsbeurteilungen erstellt. Mit der Bildung von Durchschnittswerten soll sowohl eine einseitig und nicht gewollte Verwendung von Extremwerten vermieden als auch der „Tendenz zur Mitte" bei mehrfachem Auftreten von voneinander unabhängigen Ereignissen entsprochen werden.

Etwas anderes wäre es, eine *konkrete Prognose* z. B. über die Eignung oder das Verhalten eines Individuums für einen in der Zukunft liegenden Zeitraum, wie z. B. eine *Potenzialaussage* zur Führungskompetenz oder zur Rückfälligkeit von Straftätern während ihrer Bewährung, abzugeben. Hier würden unter Hinzuziehung von Basis- oder Grundwahrscheinlichkeiten konkreter Ereignisse, wie z. B. die Rückfallrate von Straftätern oder Alkoholikern, sowie Durchschnittsbetrachtungen auf der Basis beobachteter Ereignisse oder von Stichproben (z. B. die durchschnittliche Erfolgsquote in einem Assessment Center für Führungsnachwuchskräfte in der Vergangenheit), eine *Zusammenfassung* und ein *Abwägen* vor dem Hintergrund der bekannten Informationen zu einer *intuitiven* und hoffentlich richtigen prognostischen Aussage führen, für die es allerdings keine Garantien gibt. Für solche Urteils- und Entscheidungssituationen gilt die allgemeine Verhaltensmaxime: „Nach besten Wissen und Gewissen!"

Angesichts unsicherer Entscheidungen tritt Kreativität, wie dargestellt, in unterschiedlichen „Gewändern" auf und bedient sich einer Vielzahl von Methoden für prognostische Aussagen oder Mutmaßungen über sowohl objektive Geschehnisse als auch das Verhalten von Menschen in sozialen Beziehungen. Kreativität ist als mentale Fähigkeit z. B. in der sogenannten klinischen Urteilsbildung dann gefordert, wenn der Diagnostiker „mit seinem Latein am Ende ist" und die gewohnten Denkrichtungen oder Konzepte nicht mehr weiterhelfen, sodass neue Ideen gefragt sind.

5.2 Kreativität im zwischenmenschlichen Verhalten gegenüber anderen Personen

Nach dem Verstehen sozialer Handlungen oder Interaktionen erwarten unsere Mitmenschen von uns der Situation angepasste Reaktionen. Manifestes Verhalten kann demzufolge richtig oder auch falsch und irritierend sein, wenn es den Erwartungen unserer Gesprächs- oder Interaktionspartner nicht entspricht. Es kann sich ebenso erwartungsgemäß als einfach und schlicht offenbaren, wenn es die gewohnten Bahnen nicht verlässt und für andere Personen kalkulierbar oder berechenbar bleibt. Sollten die Reaktionen dagegen für Überraschung bei unseren Mitmenschen sorgen, darf davon ausgegangen werden, dass kreative Momente oder Verhaltenszüge im Spiel sind, die gerne spontan auftreten und so wahrgenommen und erlebt werden.

Irritierend wäre dagegen *Vermeidungsverhalten,* insbesondere aufgrund sozialer Ängste. Vermeidungsverhalten könnte sich wie folgt manifestieren:

a) So zu tun, als wäre ich nicht da, also sich bewusst „klein machen" durch „Abwesenheitsanzeigen" (Ullrich & Ullrich, 1978, S. 47).
b) Wenn jemand mit seiner Meinung „hinter dem Berg hält" und nichts dazu sagt.
c) Falls gerne und immer vom Schlimmsten ausgegangen wird, um unangenehme Überraschungen zu vermeiden, das eigene Verhalten darauf a priori auszurichten und sich dem Fatalismus hinzugeben, damit sich jemand z. B. auch nicht über Gebühr anstrengen muss, das Ziel zu erreichen.

Ursache für Vermeidungsverhalten ist i. d. R. *„die Angst vor der Angst“*, die nicht nur in die soziale Isolation führt, sondern im Grunde genommen auch ein Selbstbetrug ist, weil das resultierende Verhalten nicht gewollt ist und sicherlich später bereut wird.

Neben den besonderen „Spezialfällen“, nämlich zum einen Hilfe anzubieten und zu erweisen, zum anderen Manipulationsversuche, um eigennützige Ziele zu verfolgen und zu realisieren (s. Abschn. 6.2 und 6.3), gibt es noch eine Vielzahl anderer Verhaltensweisen im Umgang und in der Kommunikation mit anderen Menschen. An welche „soziale Welten“ hierbei zu denken ist, und wo ggf. mit kreativen Verhaltenstendenzen zu rechnen ist, ist Abb. 5.1 zu entnehmen.

Nach diesem Schema lassen sich die zwischenmenschlichen Interaktionen als jeweils soziales Milieu zunächst nach einem *privaten* und einem *öffentlichen* Sektor differenzieren. Sicherlich macht es in der Kommunikation einen Unterschied, ob innerhalb der Familie ein Problem geklärt wird, oder ob mit einem Kommunalbeamten beim Ordnungsamt über z. B. ein strittiges Parkvergehen zu diskutieren ist, was auch eine eigene, hier so bezeichnete Domäne wäre. Nach der Qualität der Argumente darf das Verhalten entweder als *pragmatisch* oder als *kreativ* (bei außergewöhnlichen oder verblüffenden Argumenten) beurteilt werden. Mitunter hängen die verbalen Äußerungen auch von den zu erwartenden *positiven* oder *negativen* Konsequenzen und vom geplanten *Zeitpunkt* der Reaktion ab, wie in diesem Schema vorgeschlagen und dargestellt. Alles in allem dient dieses Schema als

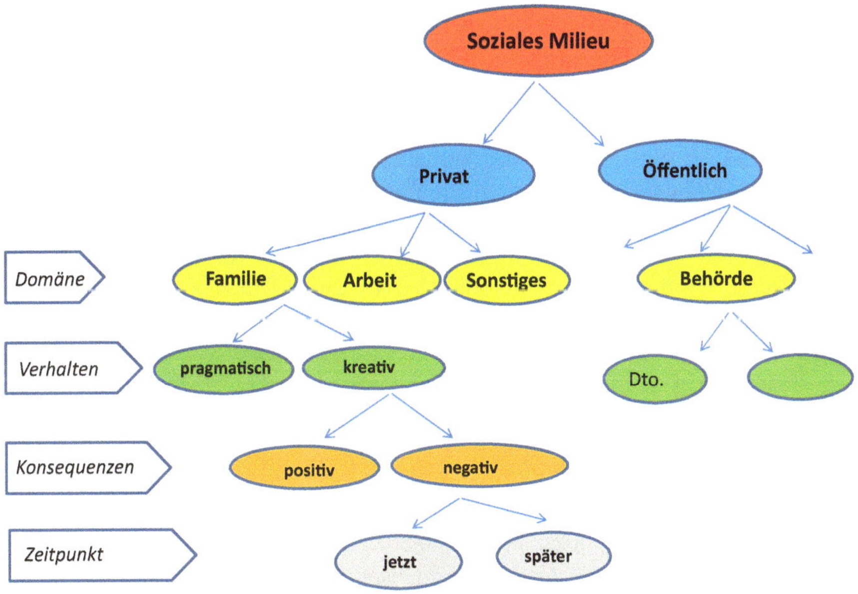

Abb. 5.1 Handlungsrahmen für die Untersuchung von Kreativität in sozialen Milieus

Plan oder Handlungsstrategie und kann dementsprechend auch für diagnostische Zwecke verwandt werden.

Mit den in Abb. 5.1 aufgenommenen Bereichen „privat" vs. „öffentlich" sowie den als Untergruppen fungierenden Domänen, die den sozialen Kontext für das individuelle Verhalten darstellen, sind zugleich die in den sozialen Schemata angesprochenen *Rollen* oder *Funktionen* berücksichtigt worden.

Nach dem situativen Verständnis in Bezug auf das wahrgenommene Verhalten einer Zielperson (s. Abschn. 5.1) folgt mehr oder weniger willkürlich und automatisch eine eigene Reaktion oder eine an eigene Bedürfnisse gebundene Verhaltensintention, die in eine Handlungsstrategie mündet und die den in Abb. 5.1 aufgelisteten Kriterien oder Bedingungen entspricht bzw. sie berücksichtigt. Wegweisend sind natürlich die bereits erwähnten Attributionen als vermutliche Ursachen des wahrgenommenen Verhaltens sowie die eigenen Kategorien- oder Bewertungssysteme.

Rein objektiv betrachtet, sind Verhaltensweisen zunächst einmal situationsabhängig, was im Übrigen keine neue und schon gar nicht überraschende Erkenntnis ist. So sind Menschen zu anderen z. B. freundlich nicht allein deshalb, weil sie einem anderen Menschen zugewandt sind und ihm Sympathien entgegenbringen und von daher stets oder überwiegend freundlich zu ihm (oder zu ihr) sind, sondern auch, wenn die Situation für ein freundliches Verhalten sorgt und dafür prädestiniert ist. Zum Beispiel, wenn ich eine andere Person um einen Gefallen bitte, wäre Freundlichkeit sicher angezeigt und im eigenen Interesse förderlich.

Nach den Erkenntnissen der sozialpsychologischen Forschung muss das momentan gezeigte Verhalten nicht unbedingt mit der inneren Einstellung oder der Persönlichkeitsentwicklung übereinstimmen. Es ist sogar von einer vollkommenen Unabhängigkeit (einer „Nullkorrelation") auszugehen, wenn sich die beiden psychologischen Bereiche auf unterschiedlichen Ebenen bewegen. Dabei gilt zum einen, dass Einstellungskomplexe oder auch Persönlichkeitsmerkmale eher generell angelegt sind, während das Verhalten sich eher an die aktuelle Situation anlehnt und darauf reagiert. Zum anderen agieren die psychologischen Einflussfaktoren wie Einstellungen o. Ä. auf der kognitiven Ebene, während beim konkreten Verhalten auch die gegenwärtigen Gefühle mitschwingen und dem Verhalten eine „affektive Würze" geben. Vergleichbar ist dieser Dualismus mit den durch Kognitionen entstehenden Zielprojektionen, während Bedürfnisse zumeist eine affektive Komponente zum Ausdruck bringen (vgl. auch Fiske & Taylor, 1991, S. 517 und 522).

Schließlich hängt das zu beobachtende Verhalten auch von der Verhaltenssteuerung einer Person, also von dem sogenannten *Monitoring* und den gewählten Präferenzen oder Steuerungsprinzipien ab. Manche Menschen fragen sich bei jeder sozialen Begegnung, wie sie sich idealtypisch verhalten sollen, und richten sich demnach sehr stark nach übernommenen sozialen Normen wie z. B. nach den Erwartungen oder Bedürfnissen ihrer Gesprächs- oder Interaktionspartner. Da ihre Gesprächspartner von Situation zu Situation logischerweise jeweils wechseln, müssen diese Individuen unstetig und inkonsistent in ihren Verhaltensmustern sein. Verhaltensflexibilität, um es positiv zu formulieren, ist bei solchen Personen ein Zeichen für ein hohes und ausgeprägtes „Selbstmonitoring". Andere Menschen bleiben sich eher selbst treu und richten ihr Verhalten nach ihrem Selbstverständnis ohne Rücksicht auf die aktuelle Situation und ihren Mitmenschen, wofür eher ein niedriges Selbstmonitoring ursächlich ist (s. Fiske & Taylor, 1991, S. 534).

Zu ergänzen wären noch Fehleinstellungen wie z. B. die Annahme, dass andere Menschen von anderen Normen ausgehen und bei Abweichungen es unweigerlich zu Konflikten oder Irritationen kommt und deshalb den Interaktionspartner automatisch abwerten oder ablehnen, was bei ihm (oder ihr) *Angst vor Ablehnung* erzeugt. Oder auch die Vermutung *irrationaler Erwartungen* anderer Personen an einen selbst sind äußerst kritisch, da sie ein Fehlverhalten provozieren mit sehr negativen Folgen für einen selbst, wie Enttäuschung, Entfremdung oder Überforderung (s. Ullrich & Ullrich, 1982, S. 27).

Menschliches kreatives Verhalten ist demnach von vielen sozialen Einflussgrößen abhängig, wobei das Verständnis (s. Abschn. 5.1) für die grundlegenden „Weichenstellungen" sorgt.

5.3 Kreativität in sozialen Beziehungen

Kreativität in sozialen Beziehungen ist alles andere als nur eine gemeinsame (kreative) Freizeitgestaltung. Soziale Beziehungen, wie eine Ehe oder Partnerschaft, bleiben erhalten, sogar, wenn sich die Wege zuweilen notgedrungen trennen, da jeder der Partner z. B. seinem eigenen Beruf nachgeht, womöglich noch an einem anderen Arbeitsort, oder wenn die Partner sich unterschiedlicher Hobbys erfreuen, sodass sie auch in ihrer Freizeit nicht ständig zusammen sind. In anderen sozialen Beziehungen wie Freund- oder Bekanntschaften dürfte die „Separation" noch viel umfassender ausfallen oder sein, da Menschen gerade außerhalb von guten Bekanntschaften immer noch ein eigenes Privatleben haben wollen und darauf großen Wert legen.

Ob nun Ehe, Partnerschaft, Freundschaft oder nur Bekanntschaft, in jedem Falle stehen zwei wichtige, wenn nicht sogar „strategische" Entscheidungen an: Nämlich zum einen ist eine Auswahl an Partnern zu treffen, zum anderen ist innerhalb einer bestehenden Beziehung in die Beziehung „zu investieren", wenn sie weiter existieren soll!

Partner können einem mehr oder weniger zufällig „über den Weg laufen", z. B. aufgrund einer formalen Vorstellung durch andere Personen oder aufgrund eines spontan sich ergebenden Gespräches (z. B. als Small Talk). Aus solchen Begegnungen kann sich ganz zwanglos eine Bekanntschaft und dann Beziehung entwickeln. Manche oder andere Menschen nutzen dagegen in jüngster Zeit sogenannte Datingportale und suchen gezielt nach möglichen Partnerschaften – wahrscheinlich mit wechselndem Erfolg sowohl bei der erstmaligen Kontaktaufnahme als auch bei der Beziehungspflege!

Innerhalb existierender Beziehungen ist sicherlich Kreativität gefragt, wenn, um es salopp zu sagen, der Partner „bei Laune gehalten werden soll". Das betrifft nicht nur die gemeinsame Freizeitgestaltung oder sonstige gemeinsame Unternehmungen, wie

z. B. eine aufwendige größere Urlaubs- oder Abenteuerreise in exotische Länder zu planen und zu realisieren, sondern geht auch in „tiefergelegene Schichten“ über bis zu existenziellen Fragen, wie z. B. das Eingehen einer Ehe oder Lebenspartnerschaft.

Um es mit dem bereits zitierten Modell (s. Abb. 5.2) von Heider (1958) zu umschreiben, benötigt jede soziale Beziehung sowohl eine Stabilität als auch eine Balance, wenn sie harmonisch und zufriedenstellend sein soll.

Nach diesem Modell einer *„Dreiecksbeziehung“* (Wienkamp, 2022b, S. 94) ist klar ersichtlich, dass sowohl die beiden Partner sich gegenseitig mögen als auch der gemeinsamen Beziehung positiv gegenüberstehen müssen, was Harmonie und Entspannung verspricht. Voraussetzung für dieses Wohlergehen ist allerdings, dass die vielen zwischenmenschlichen Probleme und Konflikte, gerade in festen Beziehungen, sowohl in gewöhnlichen Alltagssituationen als auch aufgrund besonderer beziehungsschädlicher Charaktereigenschaften bzw. Verhaltensformen in einer für beide Seiten befriedigenden Form gelöst wurden. Zumindest ist zu erwarten, dass ein Prozess der Besserung in Gang gesetzt wurde. Nicht nur die Beziehungsqualität profitiert von einer intakten sozialen Beziehung, sondern beide Partner würden aus dieser Beziehung zusätzliche Kraft und Stärke schöpfen können und mithilfe ihrer Resilienz, oder Widerstandsfähigkeit, bei der Bewältigung des normalen Alltag oder bei der Überwindung sogenannter kritischer Lebensereignisse ihre persönlichen Ressourcen effektiv einsetzen.

Von welchen Kommunikations- und Verhaltensproblemen in einer Partnerschaft auszugehen ist und wie ihnen („kreativ“) zu begegnen ist, mag ein Einblick in die dafür entwickelten Therapieformen gestatten (s. z. B. Mandel et al., 1979). Probleme wie auch Inhalt solcher Kommunikations- oder Paartherapien sind vornehmlich soziale Ängste, Aggressionen, Dominanz- oder Machtgehabe, übertriebenes Kontrollverhalten, Kommunikationsdefizite, fehlende Bestätigung oder fehlende positive Verstärkung des gegenseitigen Verhaltens. Nicht zuletzt spielen

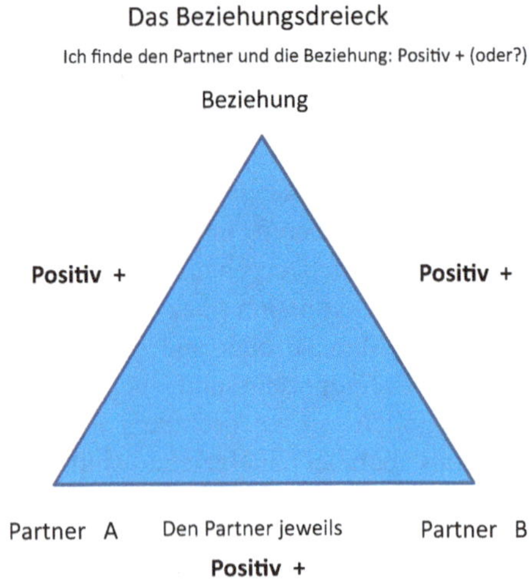

Abb. 5.2 Das Beziehungsdreieck. (Nach der Balancetheorie von Heider, 1958)

auch Selbstwertproblematiken in die Beziehung hinein, die sich bereits vor der Beziehung als erfahrene traumatische Erlebnissen zugetragen haben, oder ein erniedrigender oder sonst wie unpassender Erziehungsstil im Elternhaus könnte für erworbene Minderwertigkeitskomplexe o. Ä. verantwortlich sein.

Minderwertigkeitsprobleme sowie soziale Ängste sind für eine Beziehung eine Belastung und auf Dauer nur schwer zu ertragen. So schürt z. B. der Umgang mit Ängsten, wie es tagtäglich in einer festen Beziehung oder in einer Kommunikations- oder Paartherapie zum Ausdruck kommt, auch „kreative Bestrebungen", allerdings im negativen oder destruktiven Sinne, um einen offenen Zugang zu den dahinterstehenden Problemen oder „Urkonflikten" zu umgehen oder zu vermeiden. Ungelöste Konflikte aus der Vergangenheit (wie z. B. der frühen Kindheit) führen nach psychoanalytischer Lehre über den psychologischen Mechanismus der *Übertragung* auf andere zu *„Reaktionsbildungen"*, indem die verdrängten emotionalen Probleme sich einen Kanal oder Ausweg suchen und z. B. auf einen anderen Menschen (z. B. auf den Partner) „projiziert" werden und dieser Mensch auf eine für ihn (oder sie) unbegreifliche Weise zum „Sündenbock" wird.

Soziale Beziehungen, ob nun im alltäglichen, normalen Leben, wie im häuslichen Bereich, oder in einer Paartherapie (s. z. B. Mandel & Mandel, 1979, S. 13 ff.) als „letzter Ausweg" aus der Krise, unterliegen der Anforderung, immer wieder neue Wege zu suchen und zu finden, um bestehende Beziehungsprobleme oder Konflikte anzugehen und sie zu lösen. Besser ist allerdings für beide Partner, ihnen vorzubeugen und auf diese Weise eine entspannte und harmonische Beziehung zu erreichen.

Das Gegenmodell davon wäre, eine latente oder auch offen ausgetragene Unzufriedenheit, entweder durchzogen mit Streit und unproduktiven Diskussionen oder mit ständigem Grübeln, warum die Beziehung zum Partner so unbefriedigend ist. – Offensichtlich sind in einer solchen Lage „einige Weichen falsch gestellt worden" und grundlegende Bedingungen eines harmonischen Zusammenlebens nicht genügend beachtet worden. Eine Kommunikations- oder Paartherapie ist dann ein Ausweg oder eine Rezeptur, wenn es in einer Beziehung nicht so gut läuft, und hätte die Funktion eines Anschubes zum Besseren. Sie ist so etwas wie eine Nachhilfe durch den Einsatz eines auf die Beziehungsproblematik zugeschnittenen Lernprogramms mit dem Ziel, insbesondere die *Metakommunikation* zu üben. Mit dem schrittweisen Gelingen der Metakommunikation erreicht das Paar das Therapieziel und geht gut präpariert und vorbereitet „in die Freiheit" oder Selbständigkeit.

Der Schlüssel zu einem besseren gemeinsamen Leben in einer Beziehung ist nach Ansicht der meisten Psychotherapeuten das *„Diskriminationslernen"* (s. z. B. Mandel & Mandel, 1979, S. 31). Adäquates Unterscheiden hilft nämlich einem Partner bei seinen spontanen Reaktionen in konkreten kritischen Situationen sowie bei der Verhaltenssteuerung, um z. B. mit dem Einsatz wichtiger positiver oder negativer Verstärker unangenehmen Gefühlen oder Erlebnissen zu begegnen. Mit den Mechanismen der Konditionierung, also der Einübung oder Gewöhnung von Verhaltensweisen bzw. der Verhaltensmodifikation, hat sich primär die Verhaltenstherapie beschäftigt und den Therapeuten einen umfangreichen „Methodenkoffer" zur Verfügung gestellt. Zu ihrem Arsenal gehören „Werkzeuge" wie Responsehierarchien, primäre und sekundäre Verstärker, Verstärkungspläne und Bedingungen der Generalisierung, die sie „kreativ" nutzen können und sollen.

Aus der Therapieschule des *„Assertiveness-Training-Programms (ATP)"* (nach z. B. Ullrich & Ullrich, 1980, 1982) wäre noch zu ergänzen, dass es beim „Diskriminationslernen" einmal auf das Lernen neuer Verhaltensweisen, zum anderen auf das Verlernen ungewollter schädlicher Reaktionen ankommt. Hilfestellung geben z. B. Interventionen wie ein „Gedankenstopp", um eine bestehende Verbindung zwischen einem Gedanken oder einer negativen Erwartung und der nachfolgenden Empfindung als Angstreaktion zu unterbinden. Hilfreich wäre auch die Erkenntnis, zu unterscheiden, wann eine kollektive Lösung angezeigt ist, weil die eigene Macht nicht reicht und limitiert ist, und wann eine partnerschaftliche Lösung als Interessensausgleich zwischen zwei ebenbürtigen Parteien sich anbietet. Begleiten soll das konkrete Verhalten auf der „emotionalen Schiene" eine entschiedene „Bestimmtheit" mit z. B. der Äußerung: „Ich bestehe darauf, dass …" und nicht Aggressionen wie z. B. Schimpftiraden, die nur die gegenwärtige Hilflosigkeit und Selbstunsicherheit markieren. Auch sollte sich die Person nicht von anderen Anwesenden irritieren oder ablenken lassen, die aufgrund des gezeigten Verhaltens in Verbindung mit dem berechtigten Anliegen Nachteile erfahren, wie z. B. warten müssen und darauf unwirsch und ggf. mit Empörung reagieren (s. Ullrich & Ullrich, 1980, S. 174 f.).

Eingedenk der Tatsache, dass menschliches Lernen vorwiegend in sozialen Situationen oder Lebenslagen stattfindet, ist es für die Individuen unmöglich, auf soziale Ereignisse oder verbale Äußerungen kommunikativ *„nicht"* zu reagieren, wie es vor längerer Zeit schon die psychologische Wissenschaft propagierte (s. Watzlawick et al., 1982). Ebenso ist es nicht möglich, *„nicht"* zu reagieren oder *„nicht"* zu manipulieren (s. Wienkamp, 2023b), wenn konkrete Verhaltensmanöver mit z. B. Verstärkungsabsichten angezeigt sind. Nebenbei bemerkt: Selbst ein Schweigen ist eine Reaktion!

Lernen zeigt sich dann in der Diskrimination, die situationsangemessenen Verhaltenszüge zu zeigen und z. B. im richtigen Moment das Verhalten des Partners positiv zu verstärken bzw. zu belohnen oder umgekehrt nicht zu beachten und negativ zu verstärken, um es zu löschen. So will nicht nur ein Lob zu erteilen gelernt sein, sondern die Zielperson muss es auch als Lob anerkennen und würdigen. Damit sich Lob als Anerkennung innerhalb einer sozialen Beziehung als positiver Verstärker stabilisieren kann und in Zukunft vermehrt auftritt, muss von der Zielperson unbedingt eine positive Rückmeldung an den Belobiger erfolgen. Keinesfalls darf die gelobte Person ein Lob relativieren oder sogar abwerten durch eine Bemerkung wie *„Das war doch nicht der Rede wert oder eine Selbstverständlichkeit von mir"*, womit sie zum Ausdruck bringt: *„Das Lob habe ich doch gar nicht verdient"* (vgl. Ullrich & Ullrich, 1980, S. 37).

Erfolgslernen heißt am Ende der Kette daher nichts anderes, als dass diese Verhaltensreaktionen mehr oder weniger aufgrund einer positiven Rückmeldung später unwillkürlich eingesetzt werden und zu einer „Selbstverstärkung" und Generalisierung führen.

Mitunter bedarf es in einer Therapie auch des (kreativen) Eingreifens durch den Therapeuten, wenn er (oder sie) mit voller Absicht auf *„Doppelbindungen“* hinweist und dann nach allen Regeln der „therapeutischen Kunst“ provoziert, wie z. B. mit der Bemerkung: *„Sie streiten sich so sehr, weil sie sich lieben“* (Watzlawick et al., 1982, S. 236), und damit gezielt Reaktanz des Paares heraufbeschwört, z. B. als Widerstand in der Form, dass sie aus Protest aufhören, sich zu streiten. Alternativ kann auch eine kreative Intervention darin bestehen, das Streiten auf therapeutische Anordnung – als sogenannte „paradoxe Intervention“ – bewusst und gezielt zu üben!

Streit ist im Übrigen häufig das Ergebnis von „defekten“ Charaktereigenschaften, die sich dann innerhalb der Beziehung so richtig ausleben bzw. wieder revitalisiert werden. Dominanzstreben aufgrund von Machtgelüsten ist z. B. eine Form, die den Partner erdrückt und das gemeinsame Leben schwermacht, wenn er (oder sie) nicht von vornherein der Unterdrückte oder Verlierer in diesem ihn (oder ihr) aufgedrängten Spiel sein will. Eine Abart des Machtmissbrauches ist ferner ein überzogenes Kontrollverhalten, das der „Kontrollfreak“ gerne einsetzt, um seinem Partner zu demonstrieren, dass er (oder sie) eben nicht kompetent und vollkommen, sondern von anderen abhängig ist. Zuweilen bedienen sich die Macht- oder Kontrollmenschen des Mechanismus der *„sich selbst erfüllenden Prophezeiung“*, indem sie notgedrungen ihrem Partner bei passender Gelegenheit eine gewisse (Schein-)Selbständigkeit zugestehen, ihn oder sie dabei aber so verunsichern, dass seine oder ihre anfänglichen Versuche scheitern und sie sich dann bestätigt fühlen und sich mit ihrem schon gefassten Vorurteil brüsten, Recht gehabt zu haben.

Schädlich und pervers für eine Beziehung ist auch der Gebrauch von „Reiz- oder Signalwörtern“ wie z. B. das Wort „eigentlich“ o. Ä., die nicht nur einen negativen Unterton erzeugen, sondern auch eine problematische, wenig vertrauensvolle Beziehung andeuten, die den Empfänger „auf die Palme bringt“, also negativ durch Ärger emotionalisiert. Kreative Abhilfe schafft nicht nur das bewusste Unterlassen solcher Reizworte, sondern auch eine Achtsamkeit für die Ausdrucksform, also die nonverbale Mitteilung durch den Gesichtsausdruck oder die Körpersprache, getreu der Devise: *„Ein Bild sagt mehr als tausend Worte.“* Sollten hierbei Missverständnisse zu Tage treten, bleibt für die Kommunikationspartner, vorzugsweise in einer Therapie, ihren eingenommenen nonverbalen Ausdruck mit Worten zu erklären.

5.4 Möglichkeiten der Kreativitätseinschätzung in sozialen Beziehungen und Situationen

Für die Kreativitätsdiagnostik bei sozialen Beziehungen hat das allgemein die Konsequenz, dass der Blick auf die der Kreativität entgegenstehenden Hindernisse und destruktiven Verhaltensformen zu lenken ist, um dann zu sehen, welche Kreativitätspotenziale sich bei ihrer Überwindung ergeben könnten. Methodisch geschieht das durch eine im Rahmen der Psychodiagnostik erstellte *Verhaltens-* oder *Problemanalyse* (s. Bartling et al., 1980, 2016).

Von den Gestaltungsprinzipien zur gekonnten Umsetzung ist es manchmal ein mühsamer und längerer Weg, insbesondere dann, wenn die bisherigen Gewohnheiten nicht abgestellt und keine neuen kreativen Versuche zur Linderung oder Lösung des Problems ausprobiert wurden. In vielen Fällen sind die sozialen Probleme bereits in der Kindheit angelegt worden, z. B. durch einen unangemessenen oder gefühllosen Erziehungsstil.

Schon Kinder wurden in ihrem Elternhaus falschen Erziehungsmethoden ausgesetzt und ihnen unselige Einstellungen als Verhaltensprinzipien eingebläut, an denen sie ihr ganzes Leben „zu knacken", also zu leiden haben. Exemplarisch sei auf eine *ambivalente* Kommunikationsweise verwiesen, die dazu diente, eigene Interessen zu tarnen und zu verschleiern und sich immer die Möglichkeit des Dementierens oder des Ausweichens offenzuhalten. Spätere Partner wissen dann nicht, was der andere will und beabsichtigt, und verzweifeln daran bzw. gehen zur Rebellion oder zum offenen Widerstand über, wodurch die Beziehungskrise eskaliert (s. Mandel & Mandel, 1979, S. 53 ff.).

Somit dürfte als Ergebnis einer diagnostischen Untersuchung klarwerden, dass eine „Wende zum Besseren", ob nun außerhalb oder während einer Paartherapie, beim Kommunikationsverhalten ansetzen muss. Zahlreiche Beispiele aus der Praxis stehen einerseits als Negativbeispiele dafür, wie Kommunikation nicht sein sollte, wie z. B. sogenannte *Doppelbindungen (engl.: double bind)* zu erzeugen, bei der der andere Partner nur falsch reagieren kann und verzweifelt, da er oder sie immer nur verliert, egal welches Verhalten er oder sie alternativ wählt und zeigt (s. Mandel & Mandel, 1979, S. 274). Andererseits ist dafür Sorge zu tragen, kreative Ressourcen zu mobilisieren, um den Weg aus der Krise zu finden. Vieles hängt dabei von den folgenden Tugenden ab: *gegenseitige positive Wertschätzungen* (inkl. Selbstwertschätzung), *Echtsein* bzw. *Selbstkongruenz,* also authentisch sein und für eine Übereinstimmung zwischen innerer Einstellung und äußerem Verhalten sorgen, und die *Verbalisierung emotionaler Erlebnisinhalte,* um Ambivalenzen oder Missverständnisse auszuschließen.

Authentisch oder natürlich zu sein heißt in der Kommunikation auch, mutig zu sein und keine Tabuthemen absichtlich auszulassen, auch wenn es schwerfällt und ggf. unangenehme Überraschungen drohen. Kreativer Lernbedarf besteht aller Wahrscheinlichkeit nach darin, zu erkennen, dass in bestimmten Situationen ein Gespräch über die Beziehung selbst zu führen ist, und um das zu demonstrieren, was als „Metakommunikation" firmiert und funktioniert. Um es mit Mandel und Mandel (1979, S. 127) zu sagen: „Zwei Dinge müssen gelernt werden: Erstens *Rückmeldungen* vom anderen zu erbitten, um zu klären, wie eine mehrdeutige Botschaft aufzufassen sei; zweitens *Umschreibungen* (Paraphrasierungen) von sozialen Wahrnehmungen („ich habe das Gefühl, du willst mir vielleicht sagen...", bzw. „ich wollte damit vielleicht zum Ausdruck bringen...") zu geben."

Allerdings will auch das Feedback bei den Partnern gelernt sein, um nicht durch verschleierte oder ambivalente Rückmeldungen falsch verstanden zu werden. Je mehr dabei in die Bemühungen investiert wird, desto mehr wird die Kreativität der sozialen Kommunikation angeregt und gefördert (s. Mandel & Mandel, 1979, S. 134).

Ziel und Anliegen einer psychologischen Diagnostik ist deshalb, den genauen Status quo oder Ist-Zustand an kreativen Ressourcen bzw. umgekehrt an Verhaltensdefiziten zu ermitteln, um aus dem Vergleich mit einem Soll- oder Idealzustand die notwendigen Maßnahmen abzuleiten. Mit einer professionellen Verhaltensanalyse durch einen approbierten und erfahrenen Psychotherapeuten dürften sich alle erforderlichen diagnostischen Informationen ergeben oder erschließen lassen.

Problem- oder Verhaltensanalysen finden die negativen Auslöser für maladaptives Verhalten mit entweder erlittenen oder erwarteten negativen Konsequenzen durch Erhebung und Aufstellung einer „Verhaltenskette" – auch als „Verhaltensgleichung" bekannt und dargestellt. *Bedingungsanalysen* widmen sich dagegen der Exploration und Analyse von sozialen Strukturen bei interpersonellen Beziehungen und deren Interaktionen. Häufig prägen die hierarchische Struktur einer Organisation (z. B. einer Behörde) und die eingefahrenen Gewohnheiten und Usancen das kommunikative und interaktive Verhalten der Beschäftigten (z. B. Beamte in einem Amt oder in einer Verwaltung) gegenüber ihren Klienten oder Kunden in „Face-to-Face-Situationen", da sie sowohl ihrer Rolle oder Funktion verpflichtet als auch gegenüber ihren Vorgesetzten für ihre Handlungen und deren Folgen verantwortlich sind. Somit würde sich die Verantwortung oder Ursache eines konkreten Verhaltens von den Persönlichkeitsdispositionen und Intentionen wegbewegen zu den situativen bzw. organisatorischen Bedingungen, die dem herrschenden Umfeld geschuldet sind.

Mit einer Bedingungsanalyse wäre auch zu klären, welche Gefühle (z. B. Angst vor Enttäuschung) einem konkreten Ereignis oder Verhalten vorausgingen, um das anschließende, daraus erwachsene Gefühl (z. B. Wut oder Ärger) bei sich selbst zu verstehen (s. Ullrich & Ullrich, 1982, S. 69).

Neben den direkten sozialen Kontakten in Beziehungen o. Ä. besteht auch ein kreatives Agieren oder Verhalten gegenüber einem anonymen Auditorium oder der Öffentlichkeit, wenn z. B. ein Künstler beim Erstellen seines Kunstwerkes schon an die Kritiker in den einschlägigen Gazetten oder im Feuilletonteil einer Tageszeitung denkt und ihre möglichen Reaktionen einplant. Für manchen sozialwissenschaftlichen Forscher (wie z. B. Glaveanu, 2022, S. 37 ff.) steht es außer Zweifel, dass die jeweils adressierte „öffentliche Meinung" zur Entstehung von Kreativität zu unserer Kultur gehört. Im Prinzip findet das statt, was als Ideen- oder Gedankenaustausch zum gemeinsamen Lernen zu bezeichnen ist und im sozialen Dialog immer wieder für neue kreative Anregungen sorgt. Nicht zu vergessen sind in diesem Zusammenhang die neuen sozialen Medien, die mithilfe des Internets ganz andere Formen des gegenseitigen Gedanken- oder Ideenaustausches und gemeinsames Lernen ermöglichen (s. hierzu z. B. Henriksen et al., 2022, S. 327 ff.).

Der hier propagierte Meinungsaustausch zwischen z. B. einem Künstler und seinem Publikum über die sozialen Medien erinnert sehr stark an die Variante eines Kreativitätstrainings, nämlich das *Brainstorming,* wo es auch darum geht, jeweils den Status quo einer Idee oder eines vorliegenden Vorschlages durch andere Beteiligte zu verbessern.

Statistische Informationen, um nur einige Indikatoren exemplarisch zu nennen, die auch diagnostischen Wert haben, wären z. B. einmal eine Häufigkeitsauswertung über die *„Klicks"* wie *„like or dislike"*, die zumindest über die zurückgespielte

Resonanz auf die dargebotenen Beiträge oder neuen kreativen Ideen eine Vorstellung vermitteln. Mit der Zeitmessung über das Verweilen auf einer Internetseite lässt sich darüber hinaus das Interesse an diesem Beitrag ablesen und quantifizieren.

5.5 Resümee

Kreativität in sozialen Beziehungen oder im sozialen Kontext feststellen zu wollen, dürfte aller Wahrscheinlichkeit nach auf ein geteiltes, wenn nicht sogar verwundertes Echo stoßen. Das ist im Prinzip durchaus verständlich und nachvollziehbar, denn es sind m. W. bislang keine Verfahren oder Studien unter der Bezeichnung *„Kreativitätseinschätzung für soziale Beziehungen"* o. Ä. entwickelt oder erstellt worden. Selbstverständlich und natürlich fand die individuelle Kompetenz zur Lösung von Beziehungsstörungen und sozialer Konflikte ein hinreichendes Interesse.

Dennoch ist es nicht falsch, in den hier aufgeführten sozialen oder interpersonalen Interaktionen und Begebenheiten nach kreativen oder virtuosen Ansätzen zu fahnden und sich einen Einblick wie auch Ausblick zu gönnen. Sowohl das Verständnis unserer Mitmenschen als auch die anschließenden Reaktionen ihnen gegenüber können einerseits stereotypisch ausfallen, sie können aber auch sehr variantenreich und der Situation angepasst sein, was sicherlich der Beziehungsqualität zugutekommt.

Mittels einer professionell durchgeführten Verhaltens- oder Problemanalyse sollten die Beziehungsprobleme klar benannt worden sein und „auf dem Tisch liegen", sodass sowohl die Beziehungsstörungen als auch bestehende Kommunikationsdefizite, die bisher eine harmonische Beziehung verhindert haben, auf „kreative" Weise angegangen und behoben werden können. Zuweilen bedarf es hierzu der Hilfe oder Unterstützung durch eine Kommunikations- oder Paartherapie oder eines darauf ausgerichteten ATP zu Aufbau und Einübung selbstsicheren Verhaltens.

Im Prinzip besteht die Kreativitätsdiagnostik sowohl in einer „Negativdiagnostik", wenn es an wirksamen Handlungsweisen innerhalb einer Beziehung mangelt, als auch in einem positiven Ansatz, um z. B. bisher nicht genutzte, verschüttete Kreativitätspotenziale zu entdecken und sie z. B. im Rahmen einer Therapie oder Selbsthilfegruppe erfolgreich zu nutzen.

Positive kreative Impulse können sich ergeben, wenn im Rahmen eines sozialen Dialogs auch die Öffentlichkeit oder ein interessiertes Auditorium Berücksichtigung findet und von den Akteuren wie Künstler, Wissenschaftler etc. nach ihrer Meinung gefragt wird. Durch die Existenz der von allen genutzten sozialen Medien wie das Internet ist es ein Leichtes geworden, in den kreativen Gedankenaustausch mit Ideenangeboten und Rückmeldung durch entweder ein bekanntes oder anonymes Publikum einzusteigen und wie z. B. beim Brainstorming von den Beiträgen und der Resonanz von anderen zu profitieren. Über statistische Parameter lassen sich zudem einige relevante Informationen zum entgegengebrachten Interesse und zur sozialen Resonanz gewinnen.

6 Motivationsfaktoren in sozialen Beziehungen und Interaktionen

Forschungsaktivitäten in der Sozialpsychologie steuerten neben den wissenschaftlichen Untersuchungen zu „sozialen Kognitionen“ Erkenntnisse und Befunde bei, die zwar nicht direkt im Zusammenhang mit Kreativität stehen, aber z. B. über ausgewählte persönlichkeitsspezifische Einflussfaktoren mit kreativem Verhalten *indirekt* in Berührung kommen. Zu denken wäre einmal an die Bindungsmotivation, die mehr oder weniger auch eine Voraussetzung für Hilfsbereitschaft sein kann. Bei der Bindungs- oder Anschlussmotivation kommt es ebenso wie bei den anderen psychologischen Konstrukten darauf an, ihre im Hintergrund agierenden psychosozialen Verursacher zu erforschen. Zum anderen sind soziale Beziehungen stark abhängig, oder werden entscheidend geprägt, von eher gegenteiligen Verhaltenstendenzen zur Bindungsmotivation, nämlich dem Selbstinteresse, das sich in egoistischen Verhaltenszügen zeigt. Die Kleingruppenforschung (oder Gruppendynamik), die die Teambildung tangiert, ist u. a. durch diverse Kreativitätstechniken wie Brainstorming bekannt und populär geworden.

Im Gegensatz zu den sozialen Kognitionen, die einen eher mentalen Prozess auslösen und forcieren, haben diese Forschungsbeiträge einen sehr viel stärkeren Verhaltensbezug, und zwar sowohl mental (oder kognitiv) als auch emotional, da sie sich gezielt der Kommunikation bzw. dem Interaktionsverhalten von Individuen zuwenden.

6.1 Bindungsmotivation

Bindungsmotivation (engl.: affiliation) ist einer der drei Motivationsfaktoren in dem Modell von McClelland (z. B. 1987), neben der Leistungsmotivation und dem Machtstreben. Ähnlich McClelland griffen verschiedene Forscher dieses Konstrukt auf und versuchten, es mit anderen psychologischen Merkmalen, die auf die natürliche menschliche Neigung, eine enge Beziehung einzugehen oder zumindest mit anderen Menschen in Kontakt zu treten, in Verbindung zu bringen und

H. Wienkamp, *Kreativitätsdiagnostik*, https://doi.org/10.1007/978-3-662-68927-1_6

Zusammenhänge zu untersuchen. Ob Bindungsmotivation auf irgendeine Art und Weise mit Kreativität zusammenhängt, erschließt sich allerdings zunächst nicht.

Mehrabian und Ksionsky (1974) führten auf der Basis eines behavioristischen Ansatzes einige experimentelle Studien durch, um primär den Einfluss von

a) einer Abhängigkeit („dependency") zu anderen Menschen,
b) Angst vor Ablehnung durch andere („sensitivity of rejection") sowie auch
c) Konformitätsdruck („conformity") und
d) Anbiederung durch übertrieben zugewandtes Verhalten („ingratiation")

auf die Bindungsmotivation mittels Fragebogenerhebung und Rollenspielen zu erforschen, mit der Unterscheidung, ob es sich bei den sozialen Begegnungen um einen guten und vertrauten Bekannten oder um einen bisher unbekannten Fremden handelte.

Als Ergebnis ist festzustellen, dass Bindungsmotivation das Kontaktverhalten in sozialen Situationen *positiv* beeinflusst, indem die Probanden im Experiment zum einen eine positive Einstellung zu ihrem Interaktionspartner besaßen oder während einer Begegnung in einer Warteposition entwickelten, was sich auf ihre Kommunikation positiv auswirkte und auch auf ihre abschließende Bewertung der gerade erlebten sozialen Situation mit ihrem Kommunikationspartner. Entsprechend der *„sozialen Reziprozität"* erwiderte ihr Gesprächspartner nach ihrer Einschätzung auf die gleiche Weise ihr positives und zuvorkommendes Verhalten.

Sozial Ängstliche mit einer extremen Empfindlichkeit hinsichtlich sozialer Ablehnung durch ihre Kontaktpartner benahmen sich in ihrem Sozialverhalten ziemlich verunsichert und fühlten sich insgesamt in dieser Situation nicht wohl und gestresst, was sie zum einen unzufrieden machte, zum anderen diese negative Ausstrahlung auf die Reaktionen ihres Sozialpartners abfärbte und sich übertrug.

Bei einer *sozialen Abhängigkeit* erfüllte das Motiv „Eingehen sozialer Kontakte oder Beziehungen" eine Hilfs- oder Schutzfunktion, da sich die betroffenen Personen erhofften, durch soziale Beziehungen ihre eigene Unsicherheit oder Angst kompensieren zu können und ihre soziale Situation zu verbessern.

Soziale Abhängigkeit und Konformität im Verhalten offenbaren sich, wenn jemand zu allem „ja sagt" und zu bedingungsloser Anpassung an andere Menschen bereit ist und sich unterwirft. Solche Menschen erzeugen *Annährungsverhalten* bedingt durch die Bindungs- oder Anschlussbestrebungen zur vermeintlichen Verbesserung des eigenen Befindens und um persönliche Defizite zu kompensieren. Soziale Ängste sind aufgrund gefürchteter Ablehnung oder Zurückweisung negative Verstärker, die zu *Vermeidungsverhalten* und damit zur Verhinderung sozialer Bindungen oder Beziehungen beitragen. Bei diesen entgegengesetzten Verhaltenstendenzen wirken diese emotionalen Kräfte unabhängig voneinander, was die Korrelationsrechnungen mit Tendenz zur Nullkorrelation bestätigten.

Anbiederung an andere Individuen hat, wie die Bindungsmotivation, auch (zunächst) einen positiven Effekt in sozialen Beziehungen auf die Gefühlswelt der Beteiligten. Leider ist sie ein Zeichen für die einseitige Abhängigkeit eines

Menschen von einer anderen Person, während Bindungsmotivation von einer gewissen Selbstsicherheit getragen wird.

Eine Diagnostik der Bindungsmotivation verhilft dazu, solche Individuen zu identifizieren, die besonders geschickt (oder auch kreativ) im sozialen Verhalten sind, zu anderen Menschen leicht einen Zugang finden und mit ihnen auf angenehme Weise ins Gespräch kommen. Bindungsmotivation und im Gefolge die Empathie können daher als sogenannte *Therapeutenvariablen* gelten, da sie genau das verkörpern, was eine Beratung oder Therapie erfordert (vgl. Mehrabian & Ksionsky, 1974, S. 155 ff.).

Für eine (unveröffentlichte) Projektarbeit in 2015 mit 60 Teilnehmern und Teilnehmerinnen als Teil eines Doktoratstudiums der Psychologie, an der der Autor dieser Publikation persönlich beteiligt war, sollte der Einfluss von Belohnungs- und Bestrafungssensibilität und *„Bindungsstil"* auf das Sozialverhalten untersucht werden. Sozialverhalten war definiert als die *„soziale Verträglichkeit"* gemäß dem Persönlichkeitsmerkmal des Big5 (s. Abschn. 7.1.2), und die Belohnungs- und Bestrafungssensibilität wurde operationalisiert mittels der *BIS- und BAS-Skalen* nach Carver und White (1994; zur näheren Erläuterung s. Abschn. 7.2.3).

Bindungsstil entsprach in dieser Projektarbeit bestimmten Varianten der Bindungsmotivation entsprechend den Ausprägungen des deutschsprachigen *„Attachment Style Questionnaire (ASQ)"* von Hexel (2004) und ihrer Operationalisierung als Merkmalsskalen:

(1) Vertrauen („secure") als Zeichen von Sicherheit
(2) Unbehagen mit Nähe („insecure or fearful") als Zeichen von sozialer Angst
(3) Bedürfnis nach Anerkennung („preoccupied A") als Zeichen von Abhängigkeit
(4) Fixierung auf Beziehungen („preoccupied B") als Zeichen von allgemeiner Besorgnis
(5) Vernachlässigung von Beziehungen („dismissing") als Zeichen von Gleichgültigkeit oder Desinteresse

In der ursprünglich englischsprachigen Version gab es *vier* Bindungsstile, auf die sich z. B. Nikitin und Freund (2010) in einer ähnlich angelegten Studie mit dem Einfluss dieser Bindungsstile als UV und drei unterschiedlichen Formen von *sozialer Annäherungs- und Vermeidungsmotivation* als Mediator auf die *„Angst vor Interaktionen (Interaction Anxiety)"* bezogen und versuchten, die vorliegenden Beziehungen mittels eines „Strukturgleichungsmodells (SEM)" zu analysieren und zu klären.

Nach der aktuellen Forschung folgen die Bindungsstile den folgenden Dimensionen: (1) *Angst* und (2) *Vermeidung,* was in Kombination (und bei bipolarer Polung) zu den ebenfalls vier Bindungsstilen (a) *sicher,* (b) *besitzergreifend,* (c) *ängstlich* und (d) *abweisend* führt (s. z. B. Karremans & Finkenauer, 2014, S. 408).

In dieser Projektarbeit wurden als Bindungsstile nur die ausgewiesenen Signalitems oder Markervariablen aus dem *ASQ* von Hexel (2004) entnommen und verwendet und – aufgrund der relativ geringen Anzahl an Items (18 Items) – zu einem *„ambivalenten Bindungsstil"* zusammengefasst und umgedeutet, der nunmehr sowohl Items mit *positiven* als auch *negativen* Aussagen als Verhaltenstendenzen enthielt.

Wie erwartet korrelierte das Merkmal „Behavioral Inhibition System (BIS)" als Symptom für Angst und Konfliktscheue hochsignifikant positiv mit der (selbst eingeschätzten) „sozialen Verträglichkeit", womit eine gewisse Zurückhaltung im Auftreten sowie im Eingehen von Konflikten zum Ausdruck kam. Das „Behavioral Approach System (BAS)" als Symptom für Belohnungssensibilität korrelierte hingegen negativ, aber (noch) nicht statistisch bedeutsam mit der „sozialen Verträglichkeit", was plausibel erschien, denn hinter dem Merkmal BAS stehen Ansprüche oder Begehrlichkeiten gegenüber anderen in sozialen Situationen, also ein eher „offensives Sozialverhalten". Der hier konstruierte „ambivalente Bindungsstil" korrelierte ebenfalls positiv mit der „sozialen Verträglichkeit", wenn auch noch nicht signifikant, aber dafür hochsignifikant mit dem BIS, was auf eine *Gehemmtheit* in sozialen Situationen gegenüber anderen Personen bei einem ambivalenten Bindungsstil schließen lässt. In der multiplen linearen regressionsanalytischen Auswertung (MLRA) erreichte das *BIS* einen standardisierten Regressionskoeffizienten (Beta) von 0,499 ($p < 0{,}001$) und hatte damit einen starken Einfluss auf die „soziale Verträglichkeit", während die Merkmalsskalen *BAS* und *„Ambivalenter Bindungsstil"* einen nichtsignifikanten negativen Effekt zeigten, was aufgrund der angezeigten Richtung (wegen des negativen Vorzeichens) plausibel war. Das MLRA-Modell war hochsignifikant ($p < 0{,}002$) und klärte 19 % der Varianz bzw. Variabilität der Ergebnisse auf. Bei nur 60 Probanden in dieser Untersuchung, die die Wartezeit in einer psychotherapeutischen Praxis zum Ausfüllen des Fragebogens nutzten, war dieses Ergebnis angemessen und recht vielversprechend.

Angesichts der vorliegenden Studien zur Bindungsmotivation wäre aufgrund der positiven oder negativen Verstärkungen bei der Kontaktaufnahme oder der Kommunikation mit anderen Personen die Bindungsmotivation eine gute Voraussetzung für die Kreativitätsentwicklung, insbesondere dann, wenn die sozialen Situationen (z. B. in einer Arbeitsgruppe oder einem Team) als entspannt und zufriedenstellend erlebt werden.

6.2 Bedingungen und Möglichkeiten der (kreativen) Hilfsbereitschaft

Hilfsbereitschaft zu zeigen ist, wie die psychologische Forschung herausgefunden hat, wahrscheinlich keine Selbstverständlichkeit. Schon gar nicht ist auf den ersten Blick einsehbar, wie sich diese Verhaltensdisposition mit Kreativität verbindet und sich im altruistischen Verhalten manifestiert. Selbstverständlich dürfte sein, wenn Kreativität einen Einfluss auf die Hilfsbereitschaft ausübt, dass zumindest ein natürlicher Hang zur Kreativität zu unterstellen ist und die Kreativität für eine phantasievolle Virtuosität und für eine positive Grundhaltung sorgt, die eine allgemeine Motivation zur Hilfsbereitschaft unterstützt.

Konterkariert wird die Bereitschaft, Hilfe zu leisten, von der *„Verantwortungsdiffusion“*, auch *„kollektive Nichtverantwortung“* genannt, wie es die Studien in der Sozialpsychologie z. B. bei Unfällen oder Unglücken empirisch bestätigten. Je mehr Anwesende dem Unfall als Zuschauer beiwohnten, desto *geringer* wurde die Bereitschaft, einen Notruf zu senden oder „Erste Hilfe“ zu leisten, da jeder sich nach den vorliegenden Befunden gerne auf den anderen verlässt (s. z. B. die Studien von Latane' & Darley, 1968; zitiert bei Levine & Manning, 2014, S. 369 f.).

In den hierzu durchgeführten experimentellen Untersuchungen wurde die Bereitschaft, bei einem (vermeintlichen) epileptischen Anfall eines Versuchsteilnehmers (als Kombattant des Versuchsleiters) einen Notruf abzugeben und in das Geschehen aktiv einzugreifen, in Abhängigkeit von der Anzahl der Versuchspersonen simuliert. Je mehr Anwesende dem Geschehen beiwohnten, desto *passiver* wurde die Reaktion auf den Vorfall bzw. desto *kleiner* wurde der Anteil an Notrufsignalen.

Positiv ist im Gegensatz dazu zu werten, dass eine gute Stimmung die Hilfsbereitschaft fördern soll. Bei Erwartung einer gefühlsmäßigen Anerkennung oder Belohnung als „positive Verstärkung“ wird demnach eher geholfen als bei Schuldgefühlen, die bekanntlich gerade das Aufkommen einer guten oder heiteren Stimmung verhindern oder dem im Wege stehen (vgl. Fiske & Taylor, 1991, S. 440). Mit ihrer Hilfe wollen sich die Helfer anscheinend selbst etwas Gutes tun und ein positives Feedback oder Dankbarkeit einheimsen.

Hilfsbereitschaft zu zeigen ist letzten Endes eine Motivationsfrage, die allerdings nach den Erkenntnissen der sozialpsychologischen Forschung von einigen wesentlichen Bedingungen überlagert wird. So reichen allein die Motivation oder der Wille nicht aus, wenn die Mittel oder die Kompetenz zu helfen, also *das Können,* nicht vorhanden sind und schlicht und ergreifend fehlen. Nicht immer geht es darum, einem alten gebrechlichen Mitmenschen beim Überqueren einer verkehrsreichen Straße zu helfen, was jedes Individuum ohne Zweifel leisten kann, sondern häufig setzt eine wirksame Hilfe auch eine gewisse Professionalität z. B. in der Anwendung einer Technik oder eines Handwerkes voraus, die nicht jeder selbstverständlich beherrscht. Solch ein Manko oder Defizit ist auch bei noch so viel kreativer Begabung nicht „wettzumachen“ bzw. zu kompensieren. Es heißt ja auch allgemein: *„Gut gewollt ist nicht gleich gut gekonnt!“*

Eine weitere Barriere, nicht helfen zu können, wäre das *Nichtdürfen,* also ein Verbot oder ein Untersagen, Hilfsbereitschaft zu zeigen. Eine Ignoranz solcher Verbote dürfte mit zu erwartenden negativen persönlichen Konsequenzen verbunden sein. So ist z. B. in Kriegszeiten der eigenen Bevölkerung strengstens und bei Androhung von Strafe untersagt, Kriegsgefangenen oder sonstigen bedürftigen „Feinden“ zu helfen und sie z. B. mit Nahrungsmitteln oder dergleichen zu versorgen.

Menschliche Hilfsbereitschaft ist nicht nur eine Frage des Könnens, sondern das Wollen und Handeln hängt auch von *Sympathie* oder *Antipathie* gegenüber der Zielperson ab, wie es z. B. seinerzeit Heider (1958, S. 122) analysierte und die affektiven und persönlichen Konsequenzen für die herrschende Beziehungsqualität herausarbeitete:

a) Eine Investition in die Beziehung ist demnach jede geleistete Hilfe, wenn sich die beiden Menschen mögen oder sich sympathisch finden.
b) Eine ausbleibende Hilfe, die auf Unvermögen des Helfers beruht, wird unter sich gegenseitig schätzenden (sympathisierenden) Personen großmütig verziehen und schadet nicht der Beziehung.
c) Bei einer Beziehung, die auf Antipathie basiert, stößt eine nicht mögliche Hilfe aufgrund fehlender Kompetenz (oder Know-how) auf Gleichgültigkeit.
d) Verweigerte Hilfestellungen, die durchaus möglich und machbar gewesen wären, sind in allen Fällen beziehungsschädlich, da diese unterlassene Hilfeleistung von der hilfsbedürftigen Person als absichtliche und bewusste Bestrafung oder Missachtung gewertet wird. Wenn sich zudem noch die beiden Menschen „nicht grün sind“, also sich nicht mögen, würde die verweigerte Hilfe die vorherrschende Antipathie und die bestehenden Animositäten noch fördern und die schlechte Beziehungsqualität würde noch weiter eskalieren. Bei bisher sympathisierenden Personen entsteht dagegen ein massiver Konflikt, der noch der weiteren Klärung bedarf!

Hilfsbereitschaft kennt im Allgemeinen keine Grenzen und Beschränkungen und kann auf sehr unterschiedliche Weise stattfinden, wie z. B. als direkte Hilfe bei einem Problem, durch Spenden oder durch ehrenamtliche, karitative Tätigkeiten. Ob von einer Kreativitätsdiagnostik im eigentlichen Sinne in diesem Zusammenhang zu sprechen ist, bleibt allerdings eine offene Frage. Gleichwohl gilt es aber zu berücksichtigen, dass die vielfältigen Formen der Hilfsbereitschaft bestimmten Beschränkungen und Einschränkungen unterliegen, die der Vielfalt und Virtuosität und eben auch der potenziellen Kreativität Grenzen setzen können.

6.3 Egoistische Tendenzen bei der Ausübung von Kreativität

Neben der schon behandelten Hilfsbereitschaft gilt der Egoismus, auch unter der wohlklingenderen Bezeichnung *„Selbstinteresse“* bekannt und geläufig, als die wesentliche Motivationskraft für kreative Leistungen und Verhalten. Egoismus ist eine natürliche Veranlagung, die in freier Natur der Existenzsicherung und dem Überleben dient. Anstößig und kritikwürdig sind egoistische Exzesse, die sich sowohl im gezeigten Verhalten als auch in einer unbändigen und zügellosen *Gier* (z. B. nach Geld und Besitz) manifestieren.

Nach Lersch (1938) lässt sich Egoismus als Persönlichkeitsfaktor auf einer *bipolaren* Dimension mit den Eckpunkten *„Selbstlosigkeit (Altruismus)“* und *„Selbstsucht“* abbilden und definieren. In der Mitte dieser Persönlichkeitsdimension würde sich dann ein Gleichgewichtszustand als *natürlicher* oder *„gesunder“ Egoismus* befinden. Unterstützung findet die Existenz eines „natürlichen Egoismus“ durch Sozialforscher wie z. B. Miller (1999). Für sie ist Egoismus einmal ein psychologischer Mechanismus, der als Schutz und Reaktionsvermögen bei drohenden persönlichen *Nachteilen,* z. B. durch Täuschungen oder Betrug, fungiert und erforderlich ist. Zum anderen ist es aus wissenschaftlicher und sozialer Sicht vollkommen legitim, im Sinne der eigenen Interessen zu handeln und durch Kalkulation und Abwägen der Vor- und Nachteile (z. B. Kosten gegenüber Gewinn) zu einer für die eigene Person *vorteilhaften* Entscheidung zu kommen.

Anreize und Risiken tangieren ebenfalls die Eigeninteressen, wenn der Realisierung bestimmter persönlicher Ziele Widerstände oder Barrieren entgegenstehen und diese möglicherweise die Zielerreichung verhindern. Nach den Untersuchungen von Wienkamp (2017, 2020a) kann es zwischen den Persönlichkeitsmerkmalen *Anreizmotivation („Incentive Motivation")* und *Risikoneigung* sowohl zu *positiven* Aufschaukeleffekten, wenn ein höherer Anreiz zu mehr Risikofreude führt, als auch zu *negativen* Interaktionseffekten oder Wechselwirkungen in Bezug auf riskante Entscheidungen oder Verhalten kommen, wenn ein begehrtes Objekt zwar als Anreiz fungiert, aber die Umstände eher Vorsicht oder Risikoaversion im konkreten Verhalten aufgrund von unbekannten oder möglichen Gefahren oder unerwünschten Nebeneffekten signalisieren und nahelegen.

Um diesen Dilemmata bei Entscheidungen und Verhalten gerecht zu werden und sie zu meistern, kann Kreativität mitunter helfen bzw. ist sie sogar gefordert. Viele (kreative) Fragen tragen nicht nur zur Klärung der Situation oder Ausgangslage bei, sondern sind auch ein Potenzial für neue, weiterführende Ideen. Individuen bewegen sich hier im Spannungsfeld zwischen dem „kausalen Verstehen" und den spekulativen Prognosen (s. auch Abschn. 5.1.3). Auch die Gier nach „Objekten der Begierde" kann auf die Kreativität inspirierend wirken, wenn letztlich alles versucht wird, sie zu erhalten und die persönlichen Begehrlichkeiten zu befriedigen. Bei Auktionen oder Versteigerungen mag das z.T. zügellose „Bieter-Verhalten" interessierter Teilnehmer (oder Teilnehmerinnen) hierfür ein gutes (und beeindruckendes) Beispiel sein.

Egoistische Verhaltenstendenzen oder Neigungen finden dann ihre Grenzen, wenn die angestrebten persönlichen Vorteile entweder nur auf Kosten anderer Mitmenschen zu erreichen sind, z. B. bei manipulativem Verhalten in Verhandlungen oder bei „arglistiger Täuschung", oder zulasten der Allgemeinheit (oder eines Kollektivs) bzw. der „öffentlichen Hand" gehen, wie z. B. bei Steuerhinterziehungen oder beim Erschleichen von Sozialleistungen. Gerade in den „halbseidenen" Grenzbereichen, wie z. B. im Steuerrecht oder bei der Deklaration von Schadensfällen gegenüber Versicherungen, findet die Phantasie, oder die Kreativität, angetrieben durch egoistische Impulse, eine ungeahnte Entfaltung und häufig keinerlei Grenzen bzw. Skrupel im Verhalten (s. hierzu die Befunde von Webley et al., 2001, zur Motivation von Steuerhinterziehungen sowie von Fechtenhauer, 1999, zum Einfluss des Egoismus auf Versicherungsbetrug).

Egoisten geht es nicht immer um materielle Vorteile wie Geld oder Besitz, sondern sie streben nicht selten *soziales Prestige* oder eine soziale Anerkennung oder Bewunderung an. Damit nimmt ihr Charakter bereits narzisstische Züge an, die sich in dem Leitmotiv *„Ich bin der Nabel der Welt!"* niederschlagen und verkörpern. Aber nicht nur die „Selbstliebe" oder der Drang nach Ruhm und von anderen stetig und immer bewundert zu werden, ist Narzissten bzw. Egoisten zu eigen. Sie sind auch ein Meister der Manipulation, wenn sie „in die Haut eines Machiavellisten schlüpfen" und ihr Arsenal an Manipulationstechniken, natürlich nur zum eigenen Vorteil oder um Einfluss und Macht zu gewinnen, benutzen und ausspielen. Mit welchen Manipulationsmanövern zu rechnen ist, dürfte in der

Fachliteratur schon zu Genüge beschrieben und thematisiert worden sein (s. z. B. Wienkamp, 2022a, 2023b, in Vorbereitung a).

Zu ihrem Rollenspiel gehört auch die Maskerade, wenn sie sich als Chamäleon verkleiden, um in kritischen Situationen, wie z. B. in der Öffentlichkeit, *nicht negativ aufzufallen* (s. hierzu die experimentellen Ergebnisse von Bateson et al., 1999 zum getarnten egoistischen Verhalten in der Öffentlichkeit bzw. unter Beobachtung). Bei allen diesen situativen Herausforderungen ist ein vielseitiges, virtuoses Verhalten unerlässlich, das nur durch den Rückgriff auf Kreativitätspotenziale gelingen kann.

Mitunter kann auch eine altruistische Einstellung und dementsprechendes Verhalten wie eine ausgeprägte Hilfsbereitschaft ins Gerede kommen, wenn z. B. dem Helfer eigensinnige Motive für sein eher *taktisches Verhalten* unterstellt werden. Nach dieser Auffassung sind vermeintlich selbstlose Motive ebenfalls eine Tarnung oder Maskerade, da sie im Allgemeinen als irrational und nicht natürlich gelten. Zudem würden sie auch hinter dem grundlegenden zwischenmenschlichen Handlungsprinzip „Geben und Nehmen" sich verstecken bzw. dem widersprechen, da im Grundsatz alle menschlichen Interaktionen – früher oder später – auf einen fairen Ausgleich hinauslaufen oder hinauslaufen müssen, um eine Balance und damit Harmonie in den Beziehungen zu erreichen. Altruistisches Verhalten kann auch als taktisches Spiel zur Beruhigung des eigenen Gewissens oder zur Tilgung von (vermeintlicher) Schuld dienen.

Egoistische Intentionen und Verhaltensmuster sind im normalen, alltäglichen Leben nicht wegzudenken und prägen auf vielfältige (kreative) Weise die sozialen Beziehungen. In welcher Beziehung wir uns auch befinden, mit diesen Verhaltenszügen, die jeweils die eigenen Interessen im Blick haben, ist immer zu rechnen.

Wie dem auch sei, zwischen Kreativität und Egoismus gibt es zunächst keine logischen, natürlichen oder widersprüchlichen Gegensätze, die auf Anhieb auffallen und einleuchtend sind. Eher ist davon auszugehen, dass eigennützige Verhaltenstendenzen oder Triebkräfte kreatives Gedankengut anregen, um sich bietende Situationen auszunutzen und handfeste Vorteile zu realisieren und zu sichern.

6.4 Kleingruppenforschung

Schon seit Jahrzehnten zogen Arbeitsgruppen oder Teams als „Kleingruppen" die Aufmerksamkeit und das Forschungsinteresse bezüglich ihrer spezifischen Problemlösungskompetenz auf sich. Gruppendynamische Prozesse können sowohl förderlich sein und die diversen Kompetenzen der Teammitglieder voll und besser einbringen und entfalten, als es einzelne Individuen allein vermögen. Arbeiten oder Lernen in Gruppen bedeutet, *Synergien* zu erschließen, freizusetzen und zu nutzen. Teamarbeit kann sich unter bestimmten Bedingungen aber auch als nachteilig erweisen, wenn z. B. die Gruppenangehörigen sich nicht verstehen und atmosphärische Störungen heraufbeschwören. Dann beschäftigen sich die Mitglieder der Gruppe nämlich mehr mit sich selbst und ihren Gefühlen als mit der Sache oder den eigentlichen Aufgaben.

Wie die sozialpsychologische Forschung (s. z. B. Hofstätter, 1957/1971, S. 57 ff.) herausgefunden hat, sucht eine (Klein-)Gruppe immer nach einer verbindlichen Bezugsnorm entweder durch gegenseitige Beobachtung oder stillschweigend zwecks Verhaltensangleichung, wie es die früheren „klassischen Experimente“ zur Urteilsfindung durch Konformität belegten. Probanden waren in diesen Experimenten bereit, trotz besseren Wissens ihre ursprünglich richtigen Beurteilungen zu revidieren. Aus Angst vor sozialer Isolation beugten sie sich dem Konformitätsdruck und passten sich an.

Die Bildung *„sozialer Normen durch Bestimmung“* hat nicht nur wissenschaftstheoretische Bedeutung und Relevanz, sondern findet auch in der Praxis, wie z. B. in Organisationen, jederzeit Anwendung. Zum Beispiel bei Mitarbeiterbeurteilungen lassen sich Vorgesetzte häufig von einer angenommenen oder imaginierten Leistungsnorm oder sonstigen Verhaltensmaximen beeinflussen und setzen sie stillschweigend als Maßstab für ihre Mitarbeiter und Mitarbeiterinnen voraus, ohne hierfür jemals einen realistischen und stichhaltigen Beweis angetreten zu haben (s. Wienkamp, 2022b).

Gruppen können auch mit ihren qualitativ unterschiedlichen Ressourcen und Kompetenzen einen spürbaren Mehrwert stiften und sich, wenn man so will, gegenseitig hochschaukeln und zu enormer Produktivität oder auch Kreativität anstacheln und gedeihen. Beweis hierfür sind die zahlreichen Kreativitätstechniken (s. z. B. Linneweh, 1984), wovon das *Brainstorming,* das auf einem systematischen, sukzessiven und gegenseitigen Feedback beruht, wohl die bekannteste und populärste Methode ist.

Kreativitätsförderlich sind an diesen Techniken bestimmte Verhaltensgebote oder Regeln, wie z. B. das Verbot, während des laufenden Prozesses Ideen oder Vorschläge der Teammitglieder zu bewerten oder, noch viel schlimmer, zu kritisieren, abzuwerten oder abzuweisen. Frühzeitige Evaluationen der vielleicht abstrusen, skurrilen oder chaotisch anmutenden Ideen bereiten der Kreativität ein sofortiges Ende, denn sie unterlaufen die Spontanität, die für den „spielerischen“ Umgang mit kreativen Einfällen unbedingt notwendig ist.

Forschungsaktivitäten zu kreativen Prozessen beruhen zumeist auf Verhaltensbeobachtungen, sei es direkt oder indirekt mithilfe von Film- oder Videoaufzeichnungen, die dann von einem Beobachtergremium analysiert und bewertet werden. Schließlich dürften auch die Resultate als „Produkte“ eines kreativen Prozesses für sich sprechen.

Mit der Methode der *„Themenzentrierten Interaktion (TZI)“* von Ruth Cohn (z. B. 1983) können kreative Problemlösungsprozesse auch auf soziale, zwischenmenschliche oder individuelle Probleme oder Konflikte angewendet werden. Die TZI geht von einer Dreiecksbeziehung zwischen dem Individuum oder Gruppenmitglied (= ICH), der Gruppe (= WIR) und dem zu bearbeitenden Thema oder Problem (= ES) aus (s. Abb. 6.1 aus Wienkamp, 2022b, S. 141).

Über das Gruppenfeedback sowie die Interventionen des Gruppenleiters durch Deutungen oder Interpretationen des Gruppengeschehens, also des aktuellen

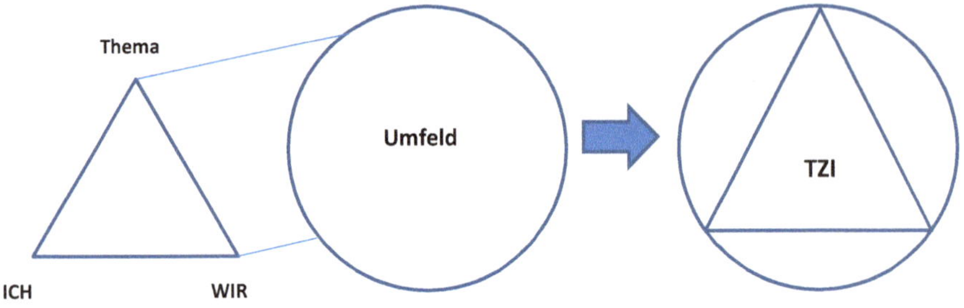

Abb. 6.1 TZI–Dreiecksverhältnis. (Aus Wienkamp, 2022b, S. 141)

„Hier und Jetzt“, hilft sich die Gruppe bei ihren individuellen Problemen gegenseitig und bearbeitet gemeinsam durch *gegenseitiges* Feedback, aber jeder auf seine Weise und parallel zu den anderen Mitwirkenden, die persönlichen Probleme, wenn die TZI als Alternative zur Gruppentherapie angeboten wird. Alternativ dazu wäre die TZI ebenso für Lern- oder Selbsterfahrungsgruppen einsetzbar, die sich für ein gemeinsames Thema interessieren, wie z. B. ein relevantes Thema oder Problem der Mitarbeiterführung, ohne das hierfür eine persönliche „Leidensgeschichte“ vorliegt. Also nicht nur individuelle Probleme prägen den Bearbeitungsprozess einer TZI, sondern ebenso lassen sich auch Probleme oder Thematiken wie z. B. Führungsthemen oder Fragen der Zusammenarbeit etc. diskutieren, um zu einem gemeinsamen Verständnis oder Ergebnis zu kommen.

Für die Behandlung eines Sachproblems (z. B. eine Reorganisation eines Betriebsbereiches oder die Neuentwicklung einer Strategie für ein Geschäftsfeld) eignet sich ebenfalls die TZI als Forum, wenn die Teilnehmer oder Teilnehmerinnen sich nicht nur an einem gemeinsamen Problem allein versuchen, sondern dazu einen entsprechenden Know-how-Input entweder vom Seminarleiter oder von ausgewiesenen Fachreferenten erwarten. Bei Einführung eines neuen Beurteilungssystems oder bei Installierung als Führungskraft ist z. B. ein Beurteilungsseminar geboten oder obligatorisch, das idealerweise nach einem Curriculum der TZI zu planen und durchzuführen ist (s. Wienkamp, 2022b, S. 141 ff.).

Bei Schulungen der persönlichen Kompetenz, wie z. B. in Führungsseminaren über „kooperative Führung“ oder dergleichen, sollte primär die Schulung der *Intuition* im Vordergrund stehen und als unbedingtes Seminarziel gelten, denn sie ist eine wesentliche Voraussetzung und Grundlage für kreatives Verhalten! Kreativität ist in sozialen Prozessen dann gefragt, wenn es gilt, mit Abwehrhaltungen oder Unsicherheiten als diffuse Ängste adäquat umzugehen, um die Widerstände oder Blockaden zu entkräften und aufzulösen.

Da die TZI-Methodik ihren Ursprung in der psychoanalytischen Gruppentherapie (s. z. B. Grinberg et al., 1971) hat, sollte der Gruppenleiter unbedingt auf die *Übertragung* vergangener und verdrängter psychischer Ereignisse o. Ä. achten und sie aufgreifen und zur Sprache bringen. Übertragungen zeichnen sich durch folgende negative Entwicklungen und Auswirkungen aus:

(1) Vergangene Erlebnisse werden unwillkürlich auf das aktuelle Geschehen – oder auf Anwesende in der Gruppe – *projiziert* (z. B., wenn ein Gruppenteilnehmer stellvertretend für ehemalige „Peiniger" zum Sündenbock erkoren wird).
(2) Verwechslungen führen demnach zu *unbewussten Selbsttäuschungen.*
(3) Es kommt zu *irrealen* Erwartungen oder Anforderungen.

Wie ein Seminar nach dem TZI-Modell zu planen und zu gestalten wäre, ist den verschiedenen Konzeptionen mit unterschiedlichen Schwerpunkten zu entnehmen. Ohne Anspruch auf Vollständigkeit geht die Fachliteratur von folgenden wesentlichen Überlegungen und Gedankengängen aus (vgl. Langmaack & Braune-Krickau, 1985):

(a) Es ist zu berücksichtigen, mit welchem „Reisegepäck" an persönlichen Erfahrungen die Seminarteilnehmer antreten und welche Phantasien daraus entstehen können.
(b) Teilnehmer oder Teilnehmerinnen sind da abzuholen, wo sie stehen.
(c) Das Thema (in der TZI das ES) ist als gemeinsame inhaltliche „Klammer" zu begreifen und auch so zu präsentieren – entweder mit der Seminarausschreibung (Titel) oder bei Therapie- oder Selbsterfahrungsgruppen mit der Einführung des Gruppenleiters.
(d) Um alle „ins Boot zu holen", ist zu Beginn des Seminars ggf. ein Brainstorming *(„Was sagt mir das Thema und was weiß ich darüber?")* vorzusehen, um zum einen das Erfahrungswissen festzustellen, zum anderen aus diesem Fundus eine inhaltliche Struktur für die Bearbeitung zu entwerfen.
(e) Regeln und Grundsätze der Kommunikation sind vorzugeben (z. B. *„Störungen haben Vorrang")* und mit den Anforderungen einer Metakommunikation über den Kommunikationsprozess an sich zu verbinden.
(f) Auf sowohl Präferenzen im Sinne von Vorlieben oder Prioritäten als auch auf *„blinde Flecken"* ist hinzuweisen und die Teilnehmer oder Teilnehmerinnen sind dafür zu sensibilisieren.
(g) Es folgt daraus, dass auf die Unterschiede zwischen Sachebene (oder inhaltlicher Ebene) und psychosozialer Ebene (oder emotionaler Ebene) aufmerksam zu machen ist (Metapher wäre idealerweise der „Eisberg" mit den Sachthemen als sichtbarer Teil und dem nicht sichtbaren psychosozialen Teil unterhalb der Wasseroberfläche).
(h) Ebenfalls ist zu berücksichtigen, wann eine Gruppenstruktur zur Arbeitsfähigkeit und eine Gruppenidentität (mit einem Zusammengehörigkeitsgefühl) zu erreichen wäre.
(i) Am Ende des Seminars ist zum einen durch eine inhaltliche Zusammenfassung des Gruppen- oder Arbeitsergebnisses für eine „Transfersicherung" mit einem geregelten Übergang in die Praxis zu sorgen, zum anderen müssen die Teilnehmer und Teilnehmerinnen untereinander emotional Abschied nehmen können – und sich „ausschwingen" und von der Gruppe lösen.

An dieser Stelle sei noch der Hinweis gestattet, dass sich die Lektüre von Langmaack und Braune-Krickau (1985) für eine Seminarplanung und Gestaltung nach dem Muster der TZI an die Zielgruppe *Seminar- oder Gruppenleiter* richtet, die entweder inspiriert sind, sich „schlau zu machen", insbesondere bei erstmaliger

Aufnahme dieser Tätigkeit, oder ihre bisherige Arbeit (als „alte Hasen") vor dem Hintergrund der Ausführungen und Empfehlungen zu reflektieren.

Ähnlich der *Balancetheorie* von Heider (1958) ist ein Gruppenleiter gut beraten, darauf zu achten, dass sich das „TZI-Dreieck" ebenfalls in einer Balance befindet. Mithilfe einer nach jedem Seminartag oder nach jedem Seminarabschnitt notwendigen Prozessanalyse sollte er (oder sie) sich die Fragen stellen, ob eines der drei TZI-Komponenten die anderen überragt, z. B. wenn sich die Gruppe als WIR zunehmend mit sich selbst beschäftigt auf z. B. Kosten des Themas (als ES), oder wenn sich einzelne Teilnehmer oder Teilnehmerinnen (als ICH) in den Vordergrund drängen oder umgekehrt sich überhaupt nicht beteiligen. Hilfreich wäre für den Seminarleiter auch, ein Soziogramm über die Gruppe nach den einzelnen Phasen zu erstellen, in dem festzuhalten ist, wer in der Gruppe sich sehr nahegekommen ist und Koalitionen schmiedet, wer fremdelt und welche Seminarbesucher schon aneinandergeraten sind und beginnen, ihre persönlichen Konflikte auszutragen. Auch der Seminarleiter sollte sich in dem Soziogramm selbst verorten und abschließend die weitere „Dramaturgie" bzw. die nächsten Schritte oder Interventionen planen.

Spätestens bei der Abschlussbesprechung der Seminarveranstaltung kann es noch einmal zur Kreativitätsdiagnostik kommen. Denn die Teilnehmer oder Teilnehmerinnen teilen jeweils ihre Eindrücke aus dem Seminar dem Plenum mit, wobei sie nur aus ihrer individuellen Perspektive ihr *persönliches Fazit* ziehen. Mit den Beiträgen der anderen Gruppenmitglieder dürften sie erkennen, was ihnen verborgen blieb und was sie schlicht und ergreifend „nicht mehr auf dem Schirm hatten", also vergaßen. Durch das gemeinsame Zusammentragen aller einzelnen Fazits ergibt sich dann über diesen *kreativen* Rückmeldeprozess ein vollständiges Bild für jeden Anwesenden, was als kreativer Fortschritt zu werten wäre.

Ein Seminar nach der TZI-Methode sollte die Saat sein, die dann durch den Transfer in die Praxis aufgeht und kreativ gedeiht.

Gewissermaßen als Nebenaspekt thematisierte die sozialpsychologische Forschung auf der „Intergruppenebene" die sogenannte *soziale Kreativität* als ein Vorgang zur Förderung der Selbstbehauptung und Bewahrung der Gleichwertigkeit zwischen unterschiedlichen Gruppierungen. Relevant wäre dies z. B. für Studenten unterschiedlicher Fachrichtungen oder im Arbeitsleben für verschiedene Berufsgruppen, wie z. B. einerseits Ingenieure, die an der technischen Perfektion im Besonderen interessiert sind, und andererseits die Kaufleute, die für die Vermarktung und dem daraus abzuleitenden wirtschaftlichen Nutzen bzw. Gewinn verantwortlich sind (nach Mummendey & Schreiber, 1984; zit. bei Spears & Tausch, 2014, S. 537). Psychologisch machen sich die beiden Gruppen einen Kunstgriff als „soziale Kreativität" zunutze, indem sie für sich das Merkmal wählen, in dem sie stark und besser sind, wie z. B. die Ingenieure in der Handhabung der Technik, und sich im positiven Sinne mit der anderen Gruppe messen und vergleichen und sich der Kompensationswirkung in der Zusammenarbeit durch ihre jeweiligen Stärken bewusst sind.

6.5 Resümee

Über die „soziale Welt" und ihre vielfältigen Beziehungen und Interaktionen ist in den vorangegangenen zwei Kapiteln viel geschrieben worden. In diesem Kapitel standen Themen der Sozialpsychologie im Fokus, die sich sehr intensiv mit der Motivation von Individuen in sozialen Situationen oder Settings beschäftigten. Neben der Leistungsmotivation und den Machtambitionen gehörte auch die Bindungsmotivation in dem relevanten Modell dazu, die über die Kommunikation eine wichtige Brücke bauen und eine Verbindung zur Kreativität herstellen kann. Nur, wenn sich Menschen aufeinander einlassen und Beziehungen knüpfen, sind die Voraussetzungen sowohl für gegenseitige Hilfeleistungen als auch für kreatives und kooperatives Handeln gegeben.

Kreativität lässt sich auch zur Erfüllung von Eigeninteressen hervorragend und virtuos einsetzen. Um wichtige persönliche Ziele zu erreichen, werden viele Menschen in ihrem Verhalten sehr erfinderisch und, wenn man so will, kreativ.

Sowohl die Arbeits- oder Organisationspsychologie als auch andere Sparten der Psychologie, wie z. B. die „klinische Psychologie" mit ihren gruppentherapeutischen Verfahren, haben sich mit den Erkenntnissen über Gruppendynamik oder der sogenannten Kleingruppenforschung eingedeckt. Daraus ist als Ableitung aus der psychoanalytischen Gruppentherapie die „themenzentrierte Interaktion", kurz TZI, entstanden und kreiert worden. Sie ist eine bevorzugte Methodik, um sowohl Sachprobleme als auch Probleme der Persönlichkeitsentwicklung innerhalb einer Gruppe zu thematisieren und zu bearbeiten. Wie bereits in einem früheren Modell, der Balancetheorie, hervorgehoben, kommt es auch bei dieser Methode darauf an, dass die Komponenten ICH, WIR und ES (für das Thema) sich in einem dynamischen Gleichgewicht befinden und der Gruppen- oder Seminarleiter mit seinen Prozessanalysen und Interventionen dafür die Verantwortung trägt.

Zwischen verschiedenen Gruppierungen muss es nicht unbedingt zu ruinösen Konkurrenzbeziehungen kommen, sondern es sind auch gedeihlichere Formen auf der „Intergruppenebene" möglich, wie z. B. die Handhabung der „sozialen Kreativität" zum gegenseitigen Nutzen.

7 Kreativitätsdiagnostik im Rahmen einer Persönlichkeitsdiagnostik

Für eine allgemeine oder umfassende Psychodiagnostik steht ein ganzes Magazin an Konzepten mit vielen methodischen Durchführungswegen oder Varianten grundsätzlich zur Verfügung (s. auch Kap. 4). Explorative Interviews mit oder ohne strukturiertem Fragenkatalog, z. B. für die Anamnese in der klinischen Psychologie oder zur Durchführung von Bewerberinterviews, sowie auch Persönlichkeitstests oder Methoden der Verhaltensbeobachtung, wie z. B. bei einem Assessment Center (AC), gehören zu diesem „Instrumentenkasten".

Bei Einsatz von Persönlichkeitstests ist der Verlauf der Exploration bzw. der diagnostischen Untersuchung vorgegeben, d. h. standardisiert, um die Objektivität des diagnostischen Verfahrens zu gewährleisten. Mittels Normen, z. B. nach Altersgruppen, Geschlecht oder Schulbildung, ist eine Umrechnung der Testrohwerte in die für die Populationsgruppe repräsentativen Normwerte, z. B. als Prozentrang oder Stanine-Wert, und eine qualifizierte Beurteilung möglich, um in erster Linie *interindividuelle Vergleiche* durchzuführen. Prozentränge ordnen die vorliegenden Testergebnisse einer Vergleichsgruppe von 100 % bis 1 % nach ihrer „Best-Plazierung", so dass ein Prozentrang von z.B. 70 % besagt, dass 30 % der Getesteten in der Vergleichsgruppe eine bessere Testleistung erzielt haben. Bei Anwendung der Stanine-Klassifikation erfolgt eine Zuweisung der Testergebnisse nach *neun* Leistungskategorien, wobei diese normierte Skala definiert, dass keine Werte größer als 9 und kleiner als 1 sind. Falls die Tests reliabel und valide sind, ist auch die Interpretation der Testbefunde seriös und aussagefähig und für praktische Entscheidungen verwertbar. Auf dieser Basis ist z. B. eine bestimmte Aussage (mit „ja" oder „nein") erlaubt, wie die Einstellung eines untersuchten Bewerbers oder um eine höchstwahrscheinlich zutreffende Diagnose zu fällen, die entsprechende therapeutische Maßnahmen indiziert.

Welche Tests zur Anwendung kommen, ist i. d. R. eine sachliche Entscheidung des verantwortlichen Testanwenders und abhängig sowohl von der *Zielgruppe*, wie z. B. Schulkinder, psychisch Kranke oder Arbeitsplatzbewerber, als auch vom *diagnostischen Zweck*, also ob eine Selektionsentscheidung bevorsteht oder ob

H. Wienkamp, *Kreativitätsdiagnostik*, https://doi.org/10.1007/978-3-662-68927-1_7

eine konkrete Fördermaßnahme oder sonstige Maßnahme zur Verhaltensmodifikation in Erwägung zu ziehen ist, was mit dem Testergebnis zu klären oder zu entscheiden ist.

Selbstverständlich dürften die meisten Praktiker in der psychologischen Diagnostik die „Klassiker“ an Persönlichkeitstests kennen, wie z. B. den *„Minnesota Multiphasic Personality Inventory (MMPI)“* von Hathaway (ursprünglich 1947; zit. nach Hathaway & McKinley, 1943/1951) im psychiatrischen Bereich, an dem sich z. B. Eysenck (1970) mit seinen Tests (z. B. der *„Eysenck Personality Scale“* oder *EPS* oder auch *EPQ* genannt, s. Eysenck & Eysenck, 1991) als Vorläufer und Referenztest orientierte. Auf der Basis der Tests von Eysenck beruht auch der mittlerweile sehr populäre *„BigFive“* (s. z. B. Costa & McCrae, 1992) sowie der *„HEXACO“* von Lee und Ashton (2004) als Persönlichkeitstest mit der zusätzlichen *sechsten* Merkmalsskala *„Ehrlichkeit* und *Bescheidenheit“* (engl.: *honesty – humility*).

Andere psychometrische Persönlichkeitsverfahren, wie z. B. das *„Behavioral Inhibition Systems und Behavioral Approach (oder Activation) Systems (BIV/BAS scales)“* von Carver und White (1994), basieren auf davon abweichenden Persönlichkeitsmodellen, wie z. B. die *„Reinforcement Sensitivity Theory (RST)“* von Gray (1971, 1987; Gray & McNaughton, 2000), die eher ziel- oder präferenzorientiertes Verhalten mit Annährungs- und Vermeidungsbestrebungen im Fokus haben. Ihre Ausrichtung und Konstruktionsweise folgt natürlich eigenen Persönlichkeitsmerkmalen wie hier die Belohnungssensibilität und die Vermeidung von Angst- oder Konfliktsituationen (s. hierzu im Detail auch Wienkamp, 2017, 2020a).

Schließlich existieren noch Selbstbeschreibungen oder Selbsteinschätzungen zur eigenen (vermuteten) Kreativität als Persönlichkeitsverfahren. Solche Instrumente mögen auf den ersten Blick in Richtung der Validität ungewöhnlich und gewagt sein, wenn an das allgemeine Problem der *„sozialen Erwünschtheit“* bei Testanwendungen zu denken ist, woran schon eine Reihe von Validierungsstudien in der Vergangenheit gescheitert sind. Dennoch ist der Versuch im Hinblick auf die weiterführende Persönlichkeits- und Kreativitätsforschung es wert, die Bemühungen und Arbeiten zu intensivieren, da im Idealfalle sich neben den objektiven Kreativitätsleistungen eine Verbindung zwischen der persönlichen Kreativitätseinschätzung und definierten Persönlichkeitsmerkmalen herstellen und nachweisen ließe. Dies setzt allerdings voraus, dass kreatives Verhalten und die Selbsteinschätzung von Kreativität hoch miteinander korrelieren.

Normalerweise enthalten weder die klinischen noch die eher „kommerziellen“ Persönlichkeitstests direkte Bezüge oder Verbindungen zur Kreativität, da Kreativität in der Persönlichkeitsforschung einmal mehr als kognitive Leistung oder Verhalten eingestuft und so behandelt wird und zum anderen, wie bereits mehrfach erwähnt, schwierig zu operationalisieren und in einer Testsituation zu messen ist. Nicht auszuschließen ist aber, dass sich die Frage des kreativen Potenzials innerhalb einer Persönlichkeitsdiagnostik stellt, um z. B. die verfügbaren Ressourcen oder die Resilienz (Widerstandskraft oder Elastizität), z. B. beim Umgang mit „kritischen Lebensereignissen“ und deren Überwindung (z. B. durch ein wirksames Coping), einschätzen und darüber eine Aussage treffen zu können. Angesichts der Vielzahl von Persönlichkeitskonstrukten und diagnostischen Fragestellungen galt das Interesse, Kreativität von anderen kognitiven Leistungen wie

z. B. der Intelligenz oder der Problemlösefähigkeit im Rahmen einer Differentialdiagnostik zu unterscheiden und festzustellen.

Von daher machte es Sinn, die klassischen Persönlichkeitstests sowie auch andere Testkonzepte auf mögliche Verknüpfungen zur Kreativität einer Person zu überprüfen und zu diskutieren. Im Unterschied zu den Ausführungen in Kap. 4 kommt es nun weniger auf eine allgemeine Beschreibung und Diskussion der in Verbindung mit Kreativität stehenden Merkmalskomplexe bzw. Persönlichkeitsmerkmale an, sondern es stehen die hierfür entwickelten und am Markt befindlichen Instrumente oder Merkmalsskalen mit ihren spezifischen Merkmalsfacetten oder Aspekten im Fokus, um eine Persönlichkeitsdiagnostik zu ermöglichen.

7.1 Die „Klassiker" an Persönlichkeitstests und ihr möglicher Bezug zur Kreativität

Als ausgesprochener „Klassiker" an Persönlichkeitstests gelten als Vorläufer für nachfolgende Entwicklungen einmal die Testversionen von Eysenck und Eysenck (1991), zum anderen die mittlerweile sehr populären „BigFive"-Persönlichkeitskonstrukte von Costa und McCrae (1992) bzw. McCrae und Costa (1999).

7.1.1 Die Merkmalsskalen von Eysenck

Beim EPS von Eysenck und Eysenck (1991), der auf einer Reihe von Vorläufern als Persönlichkeitstest basiert und deshalb ohne Abstriche zu den hier genannten „Klassikern" gehört, dürfte die Merkmalsdimension *Extraversion–Introversion* und vielleicht auch *Neurotizismus* eher nicht mit Kreativität in Verbindung stehen, wenngleich manche Autoren sowohl extravertierten als auch *nicht* neurotischen, also emotional stabilen, Individuen attestieren, dass sie sich mit kreativem Verhalten leichter tun.

Beim Merkmal *Psychotizismus* kommt allerdings der Verdacht auf, dass Kreativität oder auch „Genialität" zuweilen mit Wahnsinn oder sonstigen „psychischen Auffälligkeiten oder Übertreibungen" korrespondiert. Lyrikern wird z. B. nachgesagt, dass ihre emotionalen Störungen nicht nur zu einer höheren Suizidrate beitragen, „sondern [sie] auch zu genialen Werken beeinflussen" (Baudson, 2011). Eingedenk der Vermutung, dass „Genie und Wahnsinn" eng beieinanderliegen, machte auch Barron (1965, S. 47 ff.) darauf aufmerksam, dass kreative Personen als „Exzentriker" häufig auffallen und viel Beachtung finden, sich aber aufgrund ihrer *Ich-Stärke* (s. auch Abschn. 4.4) von psychiatrischen Syndromen abgrenzen, sodass psychopathologische Störungen nicht übermäßig oft in dieser Populationsgruppe vorkamen. Nach den damaligen Studien korrelierte das Merkmal „Ich-Stärke" sogar negativ mit Erkrankungen aus dem psychiatrischen Formenkreis. Kaufman (2022, S. 83 ff.) wies vor dem Hintergrund der aktuellen Forschung sowohl auf die negativen Verbindungen von Kreativität und „Mental Disorders" als auch auf die positiven Einflüsse hin, die Kreativität einer mentalen Gesundheit und insbesondere der Stärkung der Resilienz als Willensstärke und Widerstandskraft bieten kann, und hält es bei dem heutigen Stand für müßig, wenn nicht sogar gefährlich, über die (vermeintliche) Liaison von Kreativität und Wahnsinn zu spekulieren.

Soweit bekannt, ist das Merkmal *Psychotizismus* von Eysenck (1977) so nicht konzipiert worden, sondern es steht im Zusammenhang mit devianten (unsozialen oder problematischen) Einstellungen und Verhalten und thematisiert eher Problemfälle aus dem psychopathologischen oder kriminellen Milieu, die im Grundsatz herzlich wenig mit Kreativität im eigentlichen und positiven Sinne zu tun haben.

Ruch (1999), der den EPQ von Eysenck in eine deutschsprachige Fassung transformierte und validierte, stellte fest, dass die Items der parallel existierenden und mitlaufenden Lügenskala sich z. T. mit den Items der Psychotizismusskala überschnitten, wenn sie bei Anwendung einer Faktorenanalyse auf einen gemeinsamen Faktor luden bzw. eine hohe Ladung besaßen. Inhaltlich ist dieses Ergebnis plausibel und nachvollziehbar, denn Kriminelle oder sonstige Sozio- oder Psychopathen haben keinerlei Skrupel zu lügen! So gesehen hat weder Psychotizismus noch eine Bereitschaft zu lügen irgendetwas mit Kreativität gemeinsam.

7.1.2 Die Persönlichkeitsmerkmale des „BigFive"

Neben dem hier im Zusammenhang mit Kreativität besonders interessierenden Merkmal (1) „Offenheit für neue Erfahrungen" enthält der BigFive noch die Persönlichkeitsdispositionen (2) „Extraversion–Introversion", (3) „Neurotizismus", (4) „Soziale Verträglichkeit" und (5) „Gewissenhaftigkeit".

Rammstedt und John (2005) entwickelten für den deutschsprachigen Raum sowohl eine schon stark verkürzte Normalversion gegenüber früheren Versionen und Adaptionen, der *„Big Five Inventory (BFI)"*, als auch eine Kurzversion des BigFive, nämlich den *„BFI-K"* mit nur 21 Items (anstatt 44 Items). Die im Hinblick auf eine Kreativitätsdiagnostik interessierende Merkmalsskala *„Offenheit für neue Erfahrungen"* erreichte in den durchgeführten Untersuchungen bei der Kurzversion etwas schlechtere Reliabilitätsmaße (Cronbach Alpha als interne Konsistenz) als die längere Testversion, was einerseits aufgrund der Kürze des Tests nicht überraschend ist, andererseits waren die Testwerte hinreichend stabil oder konsistent und lagen mit etwas unter $r = 0{,}70$ noch in einem tolerablen Bereich. In der anschließenden Korrelationsanalyse grenzte sich dieses Merkmal relativ eindeutig von den anderen Persönlichkeitsdispositionen ab und unterstrich seine Eigenständigkeit. Ebenso ließ sich für das Merkmal „Offenheit für neue Erfahrungen" ein separater Faktor mit relativ hohen Ladungen der zugehörigen Items nachweisen. Inhalte der Items dieser Merkmalsskala waren die Einstellung zu Kunst und Ästhetik *(„Schätze künstlerische und ästhetische Eindrücke")* und das Ausmaß an Interesse und Phantasie *(„Bin vielseitig interessiert"; „Bin tiefsinnig, denke gerne über Sachen nach")*.

Die Testautoren unterließen es aber, die BigFive-Merkmale mit kreativen Leistungen oder Verhalten in Beziehung zu setzen und z. B. Korrelationskoeffizienten als Beziehungsmaß zu berechnen und auszuweisen. Einen Beleg darüber, dass diese Testkonstruktion des Persönlichkeitsmerkmals „Offenheit für neue Erfahrungen" mit Kreativität in einem direkten korrelativen Zusammenhang steht, gibt es somit nicht.

Wie nicht anders zu erwarten, legten die von einigen Fachbuchautoren (z. B. Schuler & Görlich, 2007) zitierten und bisherigen Studien nahe, dass Offenheit für neue Erfahrungen – ebenso wie *Neugierde* und *intrinsische Motivation* als verwandte oder ähnliche Persönlichkeitsdisposition für kreative Leistungen und Verhalten – förderlich ist und mit diesem Merkmal in einem positiven Zusammenhang stehen könnte (s. hierzu auch Abschn. 3.1).

7.2 Persönlichkeitstests auf der Basis von ziel- und interessensgeleitetem Annährungs- und Vermeidungsverhalten

Angefangen mit der Moralphilosophie von Jeremy Bentham (1780/1823), der das Leben in der Natur sowie auch der Menschheit und ihre Zivilisation auf die Erfahrungen von *„Pleasure & Pain"*, also Freud und Leid, reduzierte und hierin ein „Naturgesetz" als Quelle des Handelns sah, widmete sich die Wissenschaft den Handlungsprinzipien in Verbindung mit persönlichen Präferenzen. Später erweiterten die beiden Brüder James und John Stuart Mill (s. z. B. Dickinson, 1924) dieses Handlungsprinzip, indem sie sämtliche Lernvorgänge von Lebewesen mit dieser Erfahrung von Freud und Leid, oder in der Dressur von Tieren durch Einsatz von Belohnen und Bestrafen, zusammenführten und als zwingende Voraussetzung davon abhängig machten.

Viele Jahrzehnte später trat insbesondere in der „Lern- oder behavioristischen Psychologie" in verschiedenen Zusammenhängen Annährungs- und Vermeidungsverhalten als Lernprozesse auf, das in der Lerntheorie ebenso auf Verstärkungsmechanismen wie Belohnen oder Bestrafen (oder deren bewusste Vermeidung als negative Verstärkung) beruht.

7.2.1 Der „Approach and Avoidance Temperament Questionnaire (ATQ)"

Auf der operativen Ebene kam es dann zu Testkonstruktionen oder der Entwicklung von Fragebögen, die in der Persönlichkeitsforschung als Instrumente Verwendung fanden. Mit dem *„Approach and Avoidance Temperament Questionnaire (ATQ)"* operationalisierten Elliot und Thrash (2008, S. 333) Annährungs- oder Vermeidungstendenzen mittels eines relativ kurzen Fragebogens von jeweils *sechs* Items auf einer siebenstufigen Skala als Selbsteinschätzung. Vermeidungsverhalten greift z. B. das *Item 1* mit der Formulierung auf:

> „By nature, I am a very nervous person."

Annährungsverhalten kommt z. B. durch das *Item 2* zum Ausdruck:

> „It doesn't take much to make me worry."

Ihre Validitätsstudien (Elliot & Thrash, 2002) benutzten die BigFive-Merkmale als Indikatoren, um den Einfluss dieser zwei grundlegenden Verhaltensneigungen auf die Leistungsmotivation (z. B. für ein erfolgreiches Examen) zu untersuchen. Mit der anschließenden Pfad- bzw. Strukturanalyse bestätigten sie das Modell dieser zwei Faktoren und empfahlen, generell die Variablen einer Persönlichkeitstheorie jeweils zusätzlich auf diese grundlegenden, aber zwischengeschalteten und latenten Beeinflussungsfaktoren zu untersuchen.

7.2.2 „Promotion Focus" und „Prevention Focus"

Ähnlich auch Higgins (1997), der auch von einem Motivationsmodell mit Annährungs- und Vermeidungsverhalten ausging und diese Motivationssysteme mit „Promotion Focus" und „Prevention Focus" bezeichnete. Kennzeichnend ist gemäß seinen Befunden, dass Individuen sich zwar wechselseitig beider Systeme bedienen, aber entsprechend ihrer Natur eins dieser Systeme häufiger verwenden. Konstruiert wurde von Lockwood et al. (2002) ein Instrument ebenfalls zur Selbsteinschätzung mit den *„Promotion/Prevention Scales"* mit jeweils *neun* Items und einer Skala von *1* bis *9*. Promotion Focus wurde z. B. operationalisiert durch ein Item wie:

> „Overall, I am more oriented toward achieving success than preventing failure."

Prevention Focus präsentierte sich z. B. durch folgendes Item:

> „I am anxious that I will fail short of my responsibilities and obligations."

Promotion Focus war in den Untersuchungen dann dominant, wenn „role models" als Vorbilder positive Ziele vorgaben, denen nachgeeifert wurde. Prevention Focus galt dagegen als Vermeidungsstrategie, um unangenehme Erlebnisse zu umgehen oder zu vermeiden.

7.2.3 Die „BIS- und BAS-Skalen"

Carver und White (1994) entwickelten auf der Basis der „Reinforcement Sensitivity Theory (RST)" die *„Behavioral Inhibition Scale"* und die *„Behavioral Approach Scale"*, kurzum die „BIS/BAS-Scales", als Testverfahren, das von Strobel et al. (2001) auch in einer deutschsprachigen Fassung vorliegt. Sowohl für die englische als auch für die deutsche Version gilt die Merkmalsstruktur:

a) BIS-Gesamtskala für die Sensitivität gegenüber Angst und Konflikten;
Exemplarisches Item: „Wenn ich glaube, dass mir etwas Unangenehmes bevorsteht, bin ich gewöhnlich ziemlich unruhig."
b) BAS-Drive-Skala für den Antrieb und die Zielstrebigkeit;
Exemplarisches Item: „Ich strenge mich besonders an, damit ich erreiche, was ich möchte."

c) BAS-Reward-Responsiveness-Skala für die Sensibilität für Freude und Erfolg; Exemplarisches Item: „Wenn mir etwas Schönes passiert, berührt mich das sehr stark."
d) BAS-Fun-Seeking-Skala für die Suche nach Spaß und Lust auf Neues; Exemplarisches Item: „Ich bin immer bereit, etwas Neues zu versuchen, wenn ich denke, dass es Spaß machen wird."

Da die Testentwickler der deutschsprachigen Fassung die vierfaktorielle Faktorstruktur nicht in ihrer empirischen Untersuchung bestätigen konnten, plädierten sie für eine schlichte und einfache *zweifaktorielle* (ggf. auch dreifaktorielle) Lösung und fassten neben der BIS-Skala die drei BAS-Skalen zu einer BAS-Gesamtskala zusammen.

Abweichend von diesem Ergebnis mit der deutschsprachigen Version haben andere Forscher (s. z. B. Caseras et al., 2003) die BIS/BAS-Skalen untersucht und fanden allerdings häufig eine Mehrfaktorenstruktur, die von Studie zu Studie sich änderte. Caseras et al. (2003) extrahierten z. B. neben einem BIS-Faktor noch drei BAS-Subfaktoren, die sie aufgrund der Itemzuordnungen wie folgt nannten:

a) Impulsiveness-thrill seeking (zu Deutsch: Impulsivität und Nervenkitzel)
b) Extraversion (mit der Ausrichtung oder Betonung auf Geselligkeit)
c) Reward interested (auf Deutsch: Anreiz- und Belohnungssensibilität)

Natürlich stand auch dieses Testinstrument mit den BIS/BAS-Skalen (wie auch die vorher vorgestellten Instrumente oder Skalen des Abschn. 7.2) noch nicht in einem Zusammenhang mit kreativem Verhalten, sodass bisher keine Korrelationsmaße vorliegen.

Unter dem Strich sind die strukturellen Lösungen oder Angebote zur RST und damit zu den ihr zugehörigen Merkmalsskalen wie die BIS- und BAS-Skalen uneinheitlich, z. T. widersprüchlich und somit noch nicht zufriedenstellend (s. hierzu auch die einzelnen Beiträge in dem Sammelband von Corr, 2008).

7.2.4 Anreizmotivation und weitere Persönlichkeitsmerkmale als mögliche Korrelate zur Kreativität

Angesichts dieser Misere mit den Skalenkonstruktionen vor dem Hintergrund der RST gestaltete Wienkamp (2017) in seiner Dissertation diese Merkmalskonstrukte nach seinen Forschungshypothesen neu und um und folgte z. B. Andresen (z. B. 2000) in seiner Meinung über Risikoverhalten, dass für das BIS wahrscheinlich eine bifaktorielle Struktur existiert mit sowohl einem Antriebsfaktor als *Impulsivität, Risikofreude, Sensation Seeking* oder auch (übertriebenen oder unangemessenen) *Leichtsinn* einerseits als auch mit einem gegensätzlichen Angstfaktor, der *Konfliktscheue, Risikoaversion* und *Vorsicht* andererseits repräsentiert. In Kollision zu dieser Auffassung verkörpert laut RST die Impulsivität den Merkmalskomplex BAS und versteht sich als Pendant oder Antagonist zum BIS als Hort der Angst!

Für den BAS-Bereich wurden hingegen als Merkmalsvariablen und Alternative Konstrukte gesucht und gewählt, die mit egoistischen Verhaltenstendenzen oder dem Selbstinteresse eine inhaltliche Verbindung eingehen und als *Anreizmotivation* (oder *„incentive motivation“* im Sinne von Hull, 1943, 1951) firmierten. Zur Anreizmotivation, die als eigenständige Merkmalsskala konstruiert wurde, korrelierten erwartungsgemäß in dieser Studie die Persönlichkeitsmerkmale *Egoismus, Gier* und *Machiavellismus* und hatten über einen latenten bzw. übergeordneten Anreiz- und Belohnungsfaktor einen signifikanten Einfluss auf riskante Entscheidungen (auch Risikoentscheidungen genannt), die als Entscheidungsszenarien mit alternativen Präferenzen für Anreize und Risiken operationalisiert wurden. Anreizmotivation würde im Übrigen sehr stark mit dem Subfaktor von Caseras et al. (2003), *„Reward interested“,* übereinstimmen und diesem weitestgehend entsprechen.

Dass Eigeninteressen sich ggf. mit dem Auftreten von Kreativität vertragen und vielleicht sogar ein „Antreiber“ für kreative Leistungen und Verhalten sein könnten, wurde bereits in Abschn. 6.3 angeschnitten und diskutiert.

Für Kreativitätsstudien ließen sich aus dem Bereich des Annährungs- oder Vermeidungsverhaltens (oder dem BIS- bzw. BAS-Bereich) z. B. die Merkmale *Anreizmotivation* sowie *Risikotoleranz* aus dem Test zur *Diagnostik einer Wirtschafts- und Finanzpersönlichkeit,* dem *„Six & Six“* (Wienkamp, in Vorbereitung b), im Rahmen einer umfassenderen Persönlichkeitsdiagnostik verwenden. Diese beiden Testskalen decken Annährungs- und Vermeidungsverhalten in Form ihrer zur Verfügung stehenden Testitems hinreichend ab. Beispielsweise lautet ein Item für Anreizmotivation:

> „Bei der Durchführung eines Geschäftes muss ich schon immer an das nächste Geschäft denken.“

Und für Risikotoleranz wurde z. B. als Item gewählt:

> „Ich mag es, eigene Wetten mit mir selbst abzuschließen, ob ein zukünftiges Ereignis eintritt oder eine Prophezeiung wahr wird oder nicht.“

Zur Messung der Risikofreude eignet sich auch die Risikoskala im *„Hamburger Persönlichkeitsinventar (HPI)“* von Andresen (2002) sowie für *„Sensation Seeking“* die im deutschsprachigen Raum verbreitete Merkmalsskala von Gniech et al. (1993), die schon in vielen Untersuchungen Verwendung fand.

Für eine Einschätzung der Selbstsicherheit bzw. des Selbstwertgefühls oder dergleichen, die als begleitende und Einfluss nehmende Persönlichkeitsdispositionen für die Kreativität förderlich sind (s. Abschn. 3.2.), bot sich die deutschsprachige Skala von ursprünglich Rosenberg an (Collani & Herzberg, 2003).

Aus dem Persönlichkeitstest *„Six & Six“* mit seiner Merkmalsstruktur für einmal einen Kernbereich, zum anderen einen Außenbereich der Persönlichkeit, die in erster Linie „Businessanforderungen abbilden (s. Abb. 7.1), wäre als weitere Merkmalsskala noch die Persönlichkeitsdisposition *„Heuristik“* interessant, die

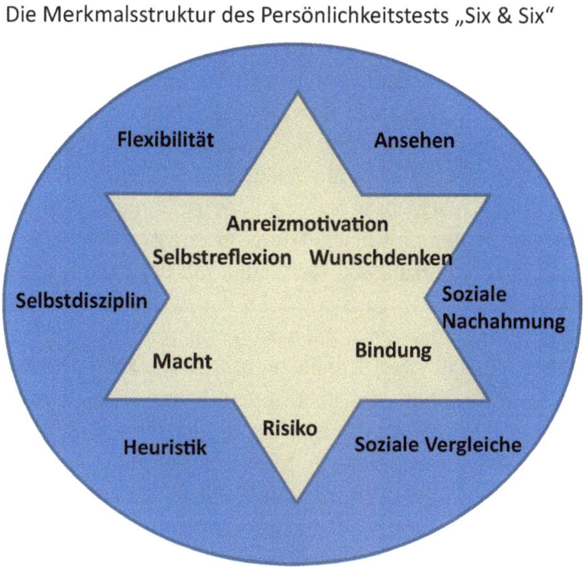

Abb. 7.1 Merkmalsstruktur des Persönlichkeitstests Six & Six (Wienkamp, in Vorbereitung b)

höchstwahrscheinlich mit kreativem Verhalten in Verbindung stehen könnte. Ein Item dieser Merkmalsvariablen würde z. B. lauten:

> „Bei der Disposition meiner Finanzanlagen habe ich immer das Ergebnis des letzten Geschäftes als „Messlatte" oder Richtschnur unwillkürlich vor Augen."

Bei weiteren Persönlichkeitskonstrukten wie z. B. *Flexibilität* (wie in anderen Tests auch im Six & Six enthalten) und *Wunschdenken* als Zeichen eines „gesunden vs. übertriebenen Optimismus" mit den Polen *realistisch* vs. *illusionär* (s. ebenfalls im *Six & Six*) wäre es vorstellbar und nicht auszuschließen, dass sie auch mit Kreativität korrelieren.

7.3 Sonstige Persönlichkeitsverfahren zur Selbsteinschätzung der Kreativität

Unter dem Titel *Creativity Assessment* stellten die Autoren Qian et al. (2022, S. 229 ff.) verschiedene Instrumente zur Kreativitätseinschätzung, vornehmlich zur Selbsteinschätzung, vor, die bis in jüngster Zeit ausschließlich in den USA bzw. im englischsprachigen Raum erschienen sind. Von den bisher in deutscher Sprache publizierten und eingesetzten Testverfahren oder Merkmalsskalen, die mit Kreativität im Zusammenhang stehen oder standen bzw. mit diesem Konstrukt wahrscheinlich kovariieren und deren Merkmalsausprägung entweder förderlich für Kreativität ist oder ihr Auftreten hemmen oder blockieren, grenzen sich diese auf Selbsturteilen beruhenden Kreativitätstests deutlich und entschieden ab.

Ein sicherlich in der Vergangenheit nicht unumstrittenes Verfahren waren Selbsteinschätzungen der eigenen Kreativität oder kreativer Leistungen (Produkte) in bestimmten Bereichen, wie z. B. mit dem *„Creative Behavior Inventory (CBI)"* von Hocevar (1979; zit. bei Qian et al., 2022, S. 233). Dieser Kreativitätstest versuchte, die (mögliche) Kreativität in vorgegebenen „Domänen" wie z. B. Literatur, Musik, Kunst etc. durch eigene Einschätzung zu erfassen und miteinander zu vergleichen über eine Häufigkeitsangabe verbunden mit der Aussage bzw. Wertung: *je häufiger, desto kreativer*.

Parallel dazu sollte über ein anderes Verfahren, den *„Creative Achievement Questionnaire (CAQ)"* von Carson et al. (2005; zit. bei Qian et al., 2022, S. 233 f.), eine Selbsteinschätzung über einen bisher erreichten Standard oder Qualitätsstand in definierten Domänen wie z. B. in der Musik erfolgen, ob z. B. die betreffende Person nur leidlich ein Musikinstrument beherrscht oder ob sie schon öffentliche Konzerte gegeben hat. Diese Einschätzung wurde unter Berücksichtigung der Häufigkeit, wenn z. B. bislang „n" Konzerte gegeben wurden, gewichtet und nach einem bestimmten Verfahren als Skalenwert ausgewiesen.

Mit der *„Creative Personality Scale (CPS)"* von Gough (1979; zit. bei Qian et al., 2022, S. 235 f.) standen *18 positive* Aussagen und *12 negative* Aussagen (Items) zur Kreativität zur Verfügung, die die Testpersonen ebenfalls zur Selbsteinschätzung nutzten. Bei einer positiven Nennung erhielten die Testpersonen einen Punkt gutgeschrieben, bei einer negativen Angabe gab es einen Minuspunkt, der den Gesamtskalenwert minderte bzw. reduzierte. Ähnlich funktioniert auch die *„Short Scale of Creative"* von Karwoski (2014; zit. bei Qian et al., 2022, S. 236), wo auf einer 5-stufigen Skala *11 Items* zu beurteilen sind, inwieweit sie auf die Testperson zu treffen (z. B. *„I think I am a creative person"*).

Ob mithilfe dieser Selbstbeurteilungen valide Testergebnisse zu erwarten sind, sei dahingestellt. Der Beitrag der Autoren enthält dazu keine Angaben. Probleme der „sozialen Erwünschtheit" sowie schlichtweg Fehleinschätzungen der Testanten sind bei einer normalen Testapplikation generell nicht auszuschließen. Nicht bzw. schwierig ist an dieser Stelle zu beurteilen, ob Selbstbeurteilungen die Kreativitäts- und Persönlichkeitsdiagnostik evtl. ergänzen und bereichern könnten oder ob sie gänzlich fehl am Platze sind!

Allenfalls sind Selbsteinschätzungen, für welchen diagnostischen Zweck auch immer, zu gebrauchen, wenn z. B. bei nachweislich Kreativen vs. Non-Kreativen im Rahmen einer *„Backward- oder Rückwärtsstrategie"* Extremgruppenvergleiche zum Einsatz kommen, um die Items mit Diskriminationspotenzial zu finden, die bestmöglich zwischen diesen Gruppen differenzierten.

7.4 Resümee

Als Resümee dieses Kapitels bot sich zunächst an, die in den vorausgegangenen Abschnitten vorgestellten und diskutierten Testverfahren mit ihren vielen unterschiedlichen Persönlichkeitsmerkmalen in Form einer Synopse (s. Tab. 7.1) mit Blick auf die Kreativitätsdiagnostik zusammenzufassen. Unschwer ist zu erkennen, dass es sich hierbei um eine Rezeptur, oder zumindest um ein Angebot, handelt, mit welchen Persönlichkeitskonstrukten oder Merkmalsskalen aus vorliegenden Persönlichkeitstests Zusammenhangmaße (z. B. Korrelationen) zu beobachtbaren kreativen Leistungen errechnet werden können.

Sicherlich gibt es zu dieser Auswahl eine Menge Alternativen an Skalen und Instrumenten für die genannten Merkmalskomplexe, die motivationales und kognitives Verhalten aufgreifen und thematisieren. Zumindest, wenn es um englischsprachige Verfahren zur Persönlichkeitsdiagnostik geht, böten sich die in Tab. 7.1 aufgelisteten Instrumente dafür zusätzlich an.

An der Auswahl der Merkmalsbereiche oder Merkmalskomplexe (s. Kap. 3) dürfte sich aller Voraussicht nach wenig ändern, da sie sehr wahrscheinlich mit Kreativität in Verbindung stehen.

Tab. 7.1 Synopse über die operationalisierten Merkmale in diversen Persönlichkeitstests

Merkmal	Operationalisierung und Messung
Kreativität	+ Beobachtung kreativen Verhaltens + Kreativitätstests + Selbstbeschreibungen zur Kreativitätseinschätzung
Persönlichkeitsmerkmale in Verbindung mit Kreativität ***§ Offenheit für neue Erfahrungen*** §§ Neugierde Intrinsische Motivation ***§ Annährungs-/Vermeidungsverhalten*** §§ BIS/BAS-System §§ Anreizmotivation §§ Risikotoleranz §§ Sensation Seeking ***§ Selbstsicherheit/Selbstwertgefühl*** ***§ Heuristiken***	z. B. „BFI" von Rammstedt & John (2005) z. B. „ATQ" von Elliot & Thrash (2008) z. B. „Promotion/Prevention Scales" von Lockwood et al. (2002) z. B. „BIS/BAS-Skalen" von Strobel et al. (2001) z. B. „Anreizmotivation" und „Risikotoleranz" aus dem „Six & Six" von Wienkamp (in Vorbereitung b) z. B. die Risikoskala des HPI (Andresen, 2002) z. B. „Sensation Seeking" von Gniech et al. (1993) z. B. Skala zum Selbstwertgefühl (Collani & Herzberg, 2003) z. B. „Heuristik" aus dem „Six & Six" von Wienkamp (in Vorbereitung b)

Take-aways

8

Zum Abschluss werden noch einmal die wichtigsten Erkenntnisse über die Kreativität und ihre Diagnostik zusammengefasst und zu pointierten Aussagen verdichtet. Damit verbinden sich der Zweck und das Ziel, aus einer größeren Distanz und aus einer anderen abschließenden und rückblickenden Perspektive, die bereits referierten Ausführungen noch einmal zu würdigen oder zu reflektieren und daraus allgemeine Thesen oder Aussagen abzuleiten, die hoffentlich eine ausreichende Orientierung stiften.

8.1 Kreativität – in der Handhabung ein schwieriges Terrain

An dem Thema Kreativität oder Kreativitätsdiagnostik haben sich schon viele Forscher „die Zähne ausgebissen". Während es bei der Kreativität als Persönlichkeitseigenschaft im Prinzip auf das richtige Verständnis und eine angemessene und zutreffende Definition für das betreffende Fachgebiet ankommt, gesellt sich bei der Kreativitätsdiagnostik noch das Problem der Feststellung und Messung unter kontrollierten und vergleichbaren Bedingungen hinzu. Viele Kreativitätsforscher haben Kreativität unter den *„4 P's"*, also unter den Aspekten: *Person, Produkt, Prozess* und (engl.) *Press,* behandelt und diskutiert, um der Kreativität als Konstrukt näherzukommen. Verkürzt und ebenso hilfreich ist die pragmatische und praxistaugliche Annahme und Definition: *Kreativität muss etwas Neues und Nützliches hervorbringen und die davon betroffenen Menschen überzeugen.*

Abgesehen von der Intelligenz, die im Zusammenhang mit Kreativität immer auftritt und wegen ihres nicht zu leugnenden Einflusses auf kreative Leistung und Verhalten korrekterweise hervorgehoben wird, versteht sich Kreativität tendenziell eher als *eigenständiges* Merkmal oder Konstrukt, das, wie viele andere Persönlichkeitsmerkmale auch, in einem *„nosologischen Netz"* von verwandten oder ähnlichen psychologischen Merkmalen sich als solches zu behaupten hat und

H. Wienkamp, *Kreativitätsdiagnostik*, https://doi.org/10.1007/978-3-662-68927-1_8

sowohl ihren Einflüssen unterliegt als auch sie selbst beeinflusst. Besonders bei der Lösung noch offener Probleme ist Kreativität genauso wie die Intelligenz als Grundvoraussetzung gefragt und gefordert, um sie zu lösen. Natürlich haben auf diese Problemlösungsprozesse auch andere Persönlichkeitsdispositionen Einfluss, wenn es z. B. auf Konzentration, Ausdauer oder auch Mut und Risikobereitschaft ankommt.

Die meisten Kreativitätsforscher sind sich darin einig, dass Kreativität nicht etwas Unwillkürliches oder Mystisches ist und auch nicht „vom Himmel fällt", sondern immer auf ein bestehendes Alt- oder Grundwissen aufbaut und in der fachlichen Domäne *anschlussfähig* sein muss, wenn etwas Neues entstehen soll, dass den Status quo entscheidend verbessert.

8.2 Wer Kreativität verstehen will, sollte auch die Intelligenz im Blick haben

Aufgrund der korrelativen Zusammenhänge zwischen mehreren Intelligenzfaktoren und der Kreativität ist davon auszugehen, dass an der Entstehung kreativer Leistungen die eine oder andere intellektuelle Begabung oder Leistung, oder auch ein ganzes Bündel dieser mentalen Fähigkeiten, beteiligt sind. Neben Korrelationsanalysen helfen z. B. insbesondere und gezielt Faktorenanalysen, gemeinsame Verursachungs- oder im Hintergrund agierende (latente) Beeinflussungsfaktoren zu bestimmen, die mit diesen geistigen Fähigkeiten im engen Zusammenhang stehen und auf jede intellektuelle oder kreative Leistung einen gemeinsamen Einfluss ausüben. Eine andere Frage ist dann, von welchem Intelligenzmodell und von welchen Komponenten der Intelligenz, ob nun vom „divergenten Denken" oder „konvergenten Denken" oder „induktiven Denken" vs. „deduktiven Denken" etc., auszugehen ist.

Nicht zu vergessen sind allerdings die sogenannten *Metakognitionen,* die als übergeordnete psychologische Mechanismen für das Gelingen vieler intelligenter Lösungsprozesse und Versuche verantwortlich sind und von daher viele Gemeinsamkeiten zur Kreativität aufweisen. Gleicher Sachverhalt trifft im Grundsatz auch auf andere psychologische Mechanismen zu, wie z. B. das *„emotionale Gedächtnis"* als Hort der Intuition oder der „intuitiven Intelligenz" zur Unterstützung von (schwierigen) Entscheidungen und zur Orientierung in unsicheren und undurchsichtigen Situationen sowie der Gebrauch von *Heuristiken,* die in ihrer Handhabung der Kreativität sehr ähnlich sind und häufig aufgrund ihres unterstellten Problemlösungspotenzials damit verwechselt werden. Heuristiken sind aufgrund des hedonistischen Einflusses keine Garantie, damit in den Urteilen auch richtig zu liegen!

Ansonsten kennt die Intelligenzforschung noch zwei grundsätzlich verschiedene Untersuchungsansätze, nämlich einmal „bottom-up" und zum anderen „top-down", die ausgehend von verschiedenen Konzepten zur Bestimmung und Identifizierung von Intelligenzleistungen führen. Beim *Top-down-Design* ist Ausgangspunkt der Generalfaktor der Intelligenz, aus dem die bekannten Subfaktoren wie

z. B. Leseverständnis oder Wortflüssigkeit sachlich-logisch und theoriekonform abzuleiten sind. Umgekehrt greift der *Bottum-up-Ansatz* die empirisch erbrachten Leistungen (zu den Aufgaben oder Items) im Intelligenztest als Gesamtleistung auf und extrahiert daraus sogenannte Hauptkomponenten als Intelligenzfaktoren für spezifische geistige Fähigkeiten wie z. B. Gedächtnisleistungen, Zahlenverständnis, Wortschatz etc. Bei dieser Auswertungsmethode soll die Variabilität in den bearbeiteten Aufgaben des Intelligenztests durch Identifikation gemeinsamer (latenter) Einflussfaktoren gebündelt und damit ein Teil der Varianz (oder Streuung) in den Leistungsergebnissen aufgeklärt werden. Andere Klassifikationen und Darstellungen sind ebenso möglich, wie z. B. die Aufteilung nach sprachlicher vs. naturwissenschaftlicher oder technischer Begabung und Leistungsfähigkeit.

Alles in allem läuft die intellektuelle Tätigkeit auf das Erkennen von (verborgenen) Regeln oder Gesetzmäßigkeiten und ihre *Transformation* auf neue praktische Anwendungen („Wenn-dann-Fälle") oder umgekehrt auf Abstraktionsleistungen hinaus, indem induktiv von Einzelbeobachtungen auf die abstrakte übergeordnete Gesamtheit zu schließen ist und Strukturen oder Systeme daraus abzuleiten und zu definieren sind. Daneben existieren noch Intelligenzkonzepte des Wissenserwerbs (z. B. das Vokabellernen) und des Wissensaufbaues durch neue Erkenntnisse und Erfahrungen. Von den mehr intellektuellen Modellen des Denkens oder des Gebrauchs kognitiver Fähigkeiten sind abschließend noch die eher operativen und prozessorientierten Modelle abzugrenzen (s. auch Abschn. 8.4).

Keinesfalls ersetzen Intelligenztests die Kreativitätsdiagnostik, da Kreativität eine eigenständige kognitive Leistung ist und bleibt.

8.3 Kreativität ist mehr als nur ein „geflügeltes Wort"!

Wenn Kreativität nicht gleich Intelligenz bzw. im engeren Sinne Problemlösefähigkeit ist, was ist dieses Merkmal dann? So oder so ähnlich dürfte die Frage lauten, wenn von der Kreativität als Begriff oder Persönlichkeitsdisposition die Rede ist!

Wie bereits deutlich wurde, lassen sich Überschneidungen oder Parallelen zur Intelligenzforschung bzw. Intelligenzdiagnostik nicht von der Hand weisen. Kreativität ist auch nicht nur ein „schillernder Begriff" oder dergleichen. Unbestreitbar ist aber, dass Kreativität auf sehr viele Menschen, und insbesondere für ihr kommerzielles Leben, wie ein Magnet eine ungeheure Faszination und Anziehungskraft auslöst, der sich niemand so ohne weiteres entziehen kann.

Abgesehen von der schillernden und unbeschreiblichen Ausstrahlung, die der Kreativität anhaftet und die sie verursacht, wäre es ein Fehler oder Missverständnis, sich nur auf das Phänomen „Kreativität" zu konzentrieren und das ganze Netz von anderen Persönlichkeitseigenschaften außen vor zu lassen. Nach den Beiträgen aus der Kreativitäts- und Persönlichkeitsforschung scheinen auch andere Persönlichkeitsvariablen mit dem Merkmal Kreativität zu kovariieren, wie z. B. neben der Intelligenz auch Neugier und Selbstsicherheit. Aus diesem Grunde ist es bedeutsam, Kreativität in ein Modell zu transformieren und diesem Konstrukt ein „theoretisches Gerüst“ zu verpassen, um eben die Beziehungen in dem Netz unterschiedlicher, aber relevanter Persönlichkeitsmerkmale empirisch-statistisch zu untersuchen und zu klären. Aspekte wie eine die Kreativität begleitende Prozesslogik oder unterschiedliche Ausprägungen von Kreativität, wie „kleine“ oder „große Sprünge“, als „Mini-C's“ und „Big-C's“ apostrophiert und eingeführt, sollten in dem Zusammenhang gleich mit berücksichtigt und diskutiert werden.

Qualitativ darf dann von Kreativität gesprochen werden, wenn, wie schon angedeutet, die Ideen oder ihr Output neu und nützlich sind und eine positive soziale Resonanz erfahren, womit sich Kreativität von (neuen) Hirngespinsten, verrückten Vorstellungen oder „blankem Unsinn“ diametral unterscheidet. Am eindrucksvollsten greifen Metaphern aus der Gestaltpsychologie das auf, was Kreativität ausmacht und beschreibt, nämlich die „Modellierung einer Figur auf bestehendem Hintergrund“, die dem (neuen) Bild erst „ein Gesicht“ gibt – das mehr ist als die Summe der Einzelteile. Wie bei einem Puzzle ist es manchmal notwendig, quasi „um die Ecke zu denken“, um der Lösung einen Schritt näher zu kommen. Sowohl kindliche Neugier als auch naive Vorstellungen können sich bei diesem kreativen Prozess in der Funktion eines „Katalysators“ als hilfreich erweisen und über spontane Geistesblitze oder Gedankensprünge den neuen Ideen zum Durchbruch verhelfen. Rigide Geisteshaltungen wie Vorurteile oder Stereotype oder ein Konformitätsdruck von außen sind der Kreativität abträglich und sicherlich alles andere als förderlich.

Für die Kreativitätsforschung ist noch die Differenzierung zwischen Kreativität einerseits und Innovationsvermögen andererseits relevant. Kreativität hat, wie schon mehrfach erwähnt, mit dem Einfallsreichtum neuer Gedanken oder Ideen sowie mit einer produktiven Verknüpfung von Vorwissen mit neuen Erkenntnissen durch eine geschickte Kombination und Dekodierung der vorliegenden Informationen zu tun. Anders das Innovationsvermögen, wenn neue Ideen oder Erfindungen aus der Forschung von anderen Personen als „Manager“ aufgegriffen und erfolgreich z. B. als „Prototypen“ umgesetzt werden. Machbarkeitsdenken, Realitätscheck und Projektmanagement, wo es auf Planung und Organisation ankommt, sind die Qualitäten, die „Innovatoren“ als Manager zu Recht charakterisieren und auszeichnen.

Besser wäre es noch, wenn die an vielen Stellen oder Arbeitsplätzen entstandenen neuen Ideen von einem „strategischen Innovationsmanagement“ gesammelt und als „Betriebs-Know-how“ gespeichert und stetig aktualisiert würden, damit diese neuen Ideen als Expertenwissen zum geeigneten Zeitpunkt zur Verfügung stehen. Ein strategisches Innovationsmanagement ist nicht allein von der gewählten Managementphilosophie oder deren Konzeption, wie z. B. ein Change Management, Lean Management oder Business Reengineering, abhängig, sondern insbesondere von der Entwicklung der IT-Technologie mit ihren vielfältigen Anwendungssystemen.

8.4 Kreativitätsdiagnostik: ein „Ding der Unmöglichkeit" – oder doch möglich?

Bei der Fülle noch ungelöster, aber bisher in Kauf genommener „Handicaps" zur Kreativitätsdiagnostik ist es schwierig, ein schlüssiges und praxistaugliches Diagnostikdesign vorzuschlagen. Unter Berücksichtigung der Tatsache, dass Kreativität sich nicht so ohne weiteres von selbst zeigt bzw. sich nicht verordnen lässt, stoßen die bisherigen diagnostischen Bemühungen, z. B. mittels Kreativitätstests, an ihre Grenzen.

Der Kreativitätsdiagnostik kann auf keinen Fall zum Vorwurf gemacht werden, dass sie nicht *alles* (?) versucht hätte, sich dem Problem der Diagnostik oder Kreativitätsfeststellung zu nähern und es methodisch „zu knacken". Sofern wir bei den vielfältigen Untersuchungsansätzen bleiben, scheint zu gelten, dass zum einen Kreativitätsdiagnostik auf jeden Fall *„domänenabhängig"* ist. Anscheinend macht es einen gehörigen Unterschied, ob die Genialität eines Künstlers oder Wissenschaftlers zu bewundern und aus seinen oder ihren Werken die gebührende Kreativität abzuleiten und der betreffenden Person zu Recht als außerordentliche Begabung zu unterstellen ist, oder ob es „den Mann oder die Frau auf der Straße" betrifft, die in puncto Kreativität im Vergleich dazu ziemlich unauffällig sind. Zum zweiten liegen die Probleme der Kreativitätsdiagnostik in der Methodik selbst, unabhängig davon, welche Zielgruppe, also Vorschul- oder Schulkinder oder Erwachsene, z. B. bei der Personalauswahl und beruflichen Eignungsdiagnostik, sich einer Kreativitätsuntersuchung unterziehen soll.

Offene Probleme, für die kreative Ideen gefragt sind, entziehen sich in Prüfungssituationen einem standardmäßigen und kontrollierten Prozess, da die zu untersuchenden Personen unkalkulierbar damit umgehen und eine interpersonelle Vergleichbarkeit vereiteln, die offensichtlich nicht möglich ist und damit entfällt. Zeitdruck oder Stress verhindern geradezu einen entspannten und kreativen Umgang mit offenen Problemen, sodass es nicht verwunderlich ist, dass vielen Testanten nichts Gescheites einfällt und die Spontanität auf der Strecke bleibt. Ohne Ideen oder (spontane) Einfälle passiert auch keine kognitive Verarbeitung der Informationen, auf welche mentale oder intellektuelle Art und Weise auch immer, und es kommt auch nicht zu guten Problemlösungen, die das Attribut „kreativ", also neu, nützlich und von anderen akzeptiert, erfüllen.

Leider setzt der Einsatz von Kreativitätstests mit Ausnahme der projektiven Tests (als z. B. „Phantasietests") standardisierte und vergleichbare Testbedingungen voraus. Somit ist es kein Wunder, dass die Versuche mit Tests entweder misslangen oder die Testergebnisse bei der Erklärung und Interpretation zu Problemen führten. Solche Verfahrensprobleme der Instrumente tauchten bereits häufig bei ihrer Erprobung und Validierung auf, sodass es fast einem Wunder glich, dass es überhaupt zu Testkonstruktionen und ihrem Einsatz in der Praxis kam.

Ideenreichtum für die Menge und *Ideenvielfalt* für die Unterschiedlichkeit sind neben den Kriterien *Originalität* im Sinne von Seltenheit und *Elaboration* im Sinne von Ausarbeiten oder „Ausschmücken" die häufigsten und gebräuchlichsten Beurteilungskriterien in Kreativitätstests. Um es den Testanwendern einfacher zu machen, sahen die Testkonstrukteure in den Manualen Bewertungsraster, Listen von möglichen Ideen oder Beispiele u. Ä. für die Testauswertung vor.

Kreativitätstests in der beruflichen Eignungsdiagnostik machten sich die Erfahrungen aus der Schulpädagogik zunutze und übernahmen selbst eine Reihe von Testaufgaben für ihren praktischen Einsatz, wie z. B. die Anzahl an Verwendungsmöglichkeiten konkreter Gegenstände, was die Phantasie und das Vorstellungsvermögen anregte. In der betrieblichen Eignungsdiagnostik sollte allerdings der Kreativitätseinschätzung unbedingt eine *Psychologische Anforderungsanalyse* vorausgehen, um eine Vorstellung davon zu bekommen, an welchen Arbeitsplätzen welche Art von Kreativität verlangt wird und wie die Ausprägung der Kreativität bei eignungsdiagnostischen Untersuchungen ggf. zu erkennen und zu bewerten ist. – Führungskräfte in der Praxis haben diese Probleme der Kreativitätsfeststellung und Beurteilung i. d. R. nicht, da sie ihre Mitarbeiter und Mitarbeiterinnen tagtäglich sehen und erleben und ihre „kreativen" Leistungen auch abnehmen und als solche wertschätzen müssen.

Als Alternative zur Kreativitätsdiagnostik anhand einzelner vorgegebener Probleme oder Aufgaben versuchten Testentwickler eine prozedurale Ausrichtung und Anwendung, indem das Kreativitätspotenzial von der Problemerkennung bis zur Problemlösung oder Implementierung nach *Prozessschritten* beobachtet und untersucht und ggf. in eine sogenannte Cover Story eingebettet wurde. Allerdings haben die prozessbezogenen Kreativitätstests noch nicht in Gänze die in sie gesetzten Erwartungen bei der Diagnostik kreativer Leistungen und Verhalten erfüllt.

Bei Interviewfragen und Fallstudien, die zuweilen auch zur Feststellung des Kreativitätspotenzials zum Einsatz kamen, hängt die Kreativitätsdiagnostik in hohem Maße von der Verwendung geeigneter Beurteilungssysteme ab, die, ähnlich dem Prozessdesign, auf der Basis eines vorgegebenen Rasters die kreativen Ansätze abgestuft bewerten und differenzierte Urteile zulassen. Ebenso wäre es unter Umständen hilfreich, nicht nur *direkt* auf die Kreativität zu schauen, sondern im Rahmen einer *indirekten* Diagnostik ein *Merkmalsprofil* zu entwerfen und zu erheben, um das Netz an Persönlichkeitsmerkmalen, die mit kreativem Verhalten zusammenhängen und es entweder nachweislich fördern oder blockieren, zu erfassen (s. hierzu auch Abschn. 8.7). Weitere Informationen und Erkenntnisse können in Bewerbergesprächen auch biographische Fragen und deren Antworten zu kreativen Tätigkeiten wie Hobbys, Interessen u. Ä. beisteuern.

8.5 Kreativität in der „sozialen Welt"

Nach der materiellen Welt, wo sich Kreationen als Produkte o. Ä. erweisen, widmet sich die Kreativität in der „sozialen Welt" den interpersonalen Beziehungen sowohl mit einer positiven Seite, wie bei romantischen Liebesbeziehungen, als auch mit einem negativen Anstrich bei menschlichen Problemen oder sozialen Konflikten. Medium ist hierbei die verbale Kommunikation mit den (Rede-)Beiträgen der miteinander kommunizierenden Personen, die mitunter „kreativ" im Sinne von neuartig oder überraschend sein können. Rigide Einstellungen wie Vorurteile oder Klischees verhindern dagegen originelle oder kreative Beiträge und drängen die Kommunikation in die gewohnten vertrauten Bahnen ohne erkennbare Fortschritte für die Beziehung. Einbildungen oder Zerrbilder der Wirklichkeit sind dabei nicht ausgeschlossen. Besser und hilfreicher wäre es stattdessen, in sozialen Situationen mit anderen Menschen auf seine oder ihre Gefühle zu hören und die Regungen ernst zu nehmen.

Auf der Basis „sozialer Konstruktionen", die nichts anderes sind als eine multiple Informationsverarbeitung von der Wahrnehmung bis zur Bewertung des laufenden sozialen Prozesses, ergründet jedes soziale Wesen das wahrgenommene Geschehen und findet zu seinem oder ihrem sozialen Verständnis. Hieran ist auch immer das (eigene) Selbst beteiligt, sodass es aufgrund von Selbstbeurteilungen zuweilen zu falschen Schlüssen oder zu Missverständnissen in der Kommunikation kommt, insbesondere dann, wenn das Modell des *„kognitiven Geizhalses"* (engl.: cognitive miser) vor lauter Bequemlichkeit aktiv ist und einfach vorschnell attribuiert, indem z. B. für alles Negative der Charakter oder das Unvermögen einer fremden Person verantwortlich sein soll. Situative Einflüsse sowie auch Zufälle werden dabei gerne als Erklärungen oder auch Entschuldigungen für unvorteilhaftes Verhalten anderer Leute außer Acht gelassen oder einfach übersehen. Mit schnellen oder voreiligen Urteilen ist insbesondere dann zu rechnen, wenn die eingetretenen Ereignisse nicht den Erwartungen entsprechen und vor lauter Verunsicherung entweder nach einfachen Erklärungen gesucht wird oder Umdeutungen oder Abwertungen stattfinden, z. B. von anderen Personen, die eine andere Meinung vertreten, damit das eigene Weltbild wieder ins Lot kommt und das Individuum ihren Seelenfrieden findet.

In gestörten sozialen Beziehungen mit viel Konfliktpotenzial zeigt sich Kreativität leider von ihrer „dunklen" oder negativen Seite und wirkt auf die Beziehung destruktiv und geht zulasten der Harmonie und Stabilität.

Viel hängt bei der Kreativität in sozialen Situationen von den eigenen Beurteilungs- oder Kategoriensystemen ab, die im Rahmen der Persönlichkeitsentwicklung erworben und aufgebaut wurden. Sie dienen dazu, soziale Ereignisse oder fremde Menschen in die entsprechende „Schublade" zu packen. Mitunter oder bei vielen Leuten können daraus „implizite Persönlichkeitstheorien" entstehen, die dann als Stereotype sich verselbständigen und das „harmonische Miteinander" durch Fehlurteile oder unzutreffende Typisierungen stören und die Beziehung beeinträchtigen oder sogar sabotieren. Extrem ist z. B. das „Schwarz-weiß-Denken", das nur *gut* oder *schlecht* kennt und das Aufkommen von Kreativität massiv verhindert.

Mit der Zahl unterschiedlicher Bewertungsraster erhöht sich im Normalfall die Kreativität, da es möglich ist, einen aktuellen konkreten Vorgang aus unterschiedlichen Blickwinkeln oder Perspektiven zu sehen und flexibel zu deuten. Kreative fallen somit durch *Veränderungsbereitschaft, Flexibilität* und *Lernen* auf, was neben der Assimilation von neuem Wissen auch die Akkommodation, d. h. die Anpassung der herrschenden Bewertungsschemata als Bestandteil des Selbstkonzeptes an die Realität, voraussetzt. Je lockerer oder instabiler die Schemata oder Kategoriensysteme sind, desto besser kommt das Individuum mit inkonsistenten Informationen klar und desto kreativer kann es damit umgehen. Aber auch noch so ausgefeilte Bewertungsraster schützen nicht unbedingt vor Fehlurteilen gerade im sozialen Milieu. Hier ist die Realität meist anders, als normative Modelle uns glauben machen wollen, die durch Anwendung z. B. der „Ceteris-paribus-Bedingung" einen Großteil der Wirklichkeit ausblenden und ausklammern. Im Falle der „sich selbst erfüllenden Prophezeiung" als extremste Form von (krankhafter) Rigidität und Resistenz schlagen alle Veränderungsversuche fehl, da die betroffenen Personen aus der unglücklichen zirkulären Bahn ohne Hilfe von außen nicht herausfinden.

Kreative Menschen sind häufig für Überraschungen gut, wenn sie spontan in ihren Reaktionen sind. Nichtkreative fallen hingegen durch Vermeidungsverhalten – bedingt durch ihre sozialen Ängste – auf. Sämtliche Deutungsversuche oder Interpretationen sind allerdings auch domänenabhängig, denn es macht einen großen Unterschied, ob sich ein Mensch in vertrauter Umgebung (z. B. in der Familie) oder in der Öffentlichkeit bewegt und seine Anliegen vorträgt. Sobald Gefühle oder Emotionen mit im Spiel sind, verhält sich jemand für andere Beteiligte unberechenbar bzw. auf seine Art und Weise „kreativ".

Feste Beziehungen streben nach dem Modell einer „Dreiecksbeziehung" (mit zwei beteiligten Personen und einem beliebigen Objekt z. B. als Meinung über ein Thema oder Sache; s. Abschn. 5.3) nach Harmonie und einem Gleichgewichtszustand. Neben vielen negativen Verhaltensformen, wie sie aus den verschiedenen psychotherapeutischen Schulen als psychische Störungen bekannt sind, treten diejenigen Partnerschaften positiv in Erscheinung, die auf kreative Weise die *Metakommunikation* beherrschen und über die Beziehung selbst reflektieren können, um die Beziehung ggf. zu heilen. Schlüssel hierfür ist das Diskriminationslernen bzw. das Selbstmonitoring beim Einsatz von positiven wie negativen Verstärkern sowohl bei sich selbst als auch gegenüber anderen, ob nun in einer Paar- oder Kommunikationstherapie als vorgegebenes Lernziel oder im normalen Alltag bei täglicher Anwendung.

Kreativität in sozialen Beziehungen lässt sich am besten durch Verhaltensbeobachtungen in den einschlägigen Situationen feststellen und identifizieren. Zuallererst dürften leider die Defizite im kreativen Verhalten auffallen, sodass bei der Kreativitätsdiagnostik in interpersonellen und interaktiven Beziehungen vor allem von einer „Negativdiagnostik" auszugehen ist.

Bereits bei der Verhaltens- oder Problemanalyse (z. B. vor einer anstehenden Psychotherapie) kommen diese Verhaltensdefizite i. d. R. zur Sprache und werden als solche diagnostiziert. Ursachen für rigides und unflexibles Verhalten in der Kommunikation oder Interaktion mit anderen gibt es bekanntlich viele, insbesondere soziale Ängste, die Verhaltensblockaden oder Vermeidungsverhalten auslösen. Mehr in speziellen Situationen außerhalb fester und vertrauter Beziehungen, wie z. B. im „öffentlichen Leben", also jenseits von Partnerschaften oder der Familie, könnte eine sogenannte Bedingungsanalyse ggf. weiterhelfen, denn sie entdeckt und identifiziert Abhängigkeitsbeziehungen z. B. innerhalb einer Organisation wie in einer Dienstleistungsbehörde oder in einem Amt, bedingt z. B.

durch die dortigen Strukturen und Hierarchien, und könnte einen Weg für den „kreativen" Umgang mit den Amtsträgern oder Beschäftigten aufzeigen.

Schließlich verhelfen heute die sozialen Medien im und über das Internet dazu, sich von allen interessierten Nutzern aus dem sozialen Netz oder der Community Feedback zu den eigenen kreativen Ideen oder Arbeiten zu holen und dieses Kreativitätspotenzial gezielt zu nutzen. Anhand der Klicks oder der Verweilzeiten lässt sich die Resonanz als statistisches Ergebnis messen und beurteilen.

8.6 Motivation und Dynamik prägen soziale Beziehungen

Nachdem die „sozialen Kognitionen" als beziehungsstiftende bzw. -beeinflussende Faktoren ihre Würdigung erfahren haben, tragen die motivationalen Einflussgrößen zur „Energieversorgung" und zur Dramaturgie im sozialen Verhalten bei. In sozialen Settings machen sich die Motivationskräfte in unterschiedlichen sozialen Bereichen bemerkbar und prägen den Prozess. Gemäß dem hierzu vorliegenden Motivationsmodell wären das in sozialen Beziehungen vornehmlich die Bindungsmotivation, und in der Arbeitswelt zusätzlich die Leistungsmotivation und die Machtausübung z. B. in hierarchischen Führungsstrukturen.

Bindungs- oder Anschlussmotivation ist eine absolut natürliche Gabe, denn kein Lebewesen, auch nicht der Mensch, ist gerne alleine, sondern, wie der Volksmund sagt, „gesellt sich gern". Mit der Bindungsmotivation hängen noch andere psychologische Mechanismen zusammen, wie z. B. Abhängigkeitsbestrebungen, Anbiederung oder besitzergreifende Verhaltenstendenzen, Konformitätsdruck und Angst vor Ablehnung, wie sie im Zusammenhang mit Bindungsmotivation in der Sozialpsychologie erforscht wurden. Für Fragen der Kreativität ist es hierbei wichtig, wie die Zielperson gegenüber ihren Mitmenschen agiert, denn ihr entweder kontaktfreudiges oder scheues Verhalten wird über die in sozialen Situationen existierende *„soziale Reziprozität"* von ihren Kontaktpartnern in gleicher Weise erwidert. Nicht umsonst widmete sich die sozialpsychologische Forschung den sogenannten *Bindungsstilen,* um auf diese Art und Weise wichtige Persönlichkeitsvariablen in sozialen Beziehungen zu identifizieren, die für das Kommunikations- und Sozialverhalten prägend sind.

Hilfsbereitschaft ist ohne Zweifel zunächst eine Motivationsfrage, bei der auch die Fähigkeit oder das Können hinzutreten müssen – sonst heißt es: *„Gut gewollt ist nicht gleich gut gekonnt!"* Wenn noch das Mögen oder die Sympathie sich dazugesellt, sind den kreativen Möglichkeiten sicherlich keine Grenzen gesetzt, denn hilfsbereite Personen zeigen gerne dieses Verhalten und sind bereit, in die Beziehung zu investieren.

Zweifelsohne setzt ein Eigeninteresse kreative Kräfte zur Bedienung des individuellen Egoismus und zur Realisierung sich bietender Vorteile frei. *„Gesunder Egoismus"* ist natürlich und normal und für soziale Interaktionen, wie z. B. das Geschäftemachen, typisch. Niemand macht nämlich gerne Verluste oder, noch schlimmer, „lässt sich gerne übers Ohr hauen". Anreizmotivation und Risikotoleranz als die Persönlichkeitsmerkmale, die das Selbstinteresse schüren und Verhalten zum eigenen Vorteil steuern, müssen im konkreten Verhalten oder bei Entscheidungen in einem ausgewogenen vernünftigen Verhältnis zueinander stehen oder sich einpendeln, wenn es nicht zu Exzessen oder später zu bereuenden Aktionen oder Entscheidungen kommen soll. Gier kann z. B. zwar Kreativität bewirken und freisetzen, aber auch als schlechter Ratgeber fungieren, wenn z. B. kriminelle, ungesetzliche Handlungen später mit Sanktionen oder Strafen geahndet werden. Kreativ sind auch Narzissten oder „Schaumschläger", die alles für ihr Image oder ihre Selbstliebe tun würden und denen jedes Mittel recht wäre.

In der Arbeitsorganisation sind Gruppen oder Teams in vielen Belangen einzelnen Akteuren überlegen und produktiver, da sie auf unterschiedliche Talente und Begabungen zurückgreifen und auf diese Weise Synergien ausschöpfen. Kein Wunder, dass die Gruppendynamik auf ein reges Forschungsinteresse stieß!

„Gruppenhygiene" kann auch Konformität oder Anpassung an eine Gruppennorm bedeuten, die durch den Mechanismus des *„Bestimmens"* geschaffen wird, wie es in experimentellen Versuchen nachgewiesen wurde. Unwillkürlicher Konformitätsdruck in Anlehnung an eine soziale Bezugsnorm ist nicht nur wissenschaftlich belegt, sondern auch ein zu beobachtendes Ritual in der Praxis sozialer Gemeinschaften.

Aus der Gruppenarbeit oder Teambildung sind nicht nur Arbeitstechniken, sondern auch einige bekannte Kreativitätstechniken hervorgegangen, wie z. B. das Brainstorming. Neben den Kreativitätstechniken, die insbesondere in „kreativen" Berufen oder Tätigkeitsbereichen, wie z. B. in einer Werbeagentur, zur Geltung kommen, hat sich für die „kreative" Bearbeitung von Sachproblemen (z. B. eine Reorganisation in einem Betrieb) oder sozialen bzw. psychischen Problemen die *„Themenzentrierte Interaktion (TZI)"* entweder für Selbsterfahrungsgruppen oder in Seminarform angeboten. Bei der TZI stehen die drei Elemente ICH, WIR und ES in einem *„Dreiecksverhältnis"* zueinander und streben idealerweise eine Ausgewogenheit oder Balance an. Methode der Wahl bei der TZI ist zum einen das gegenseitige Feedback der Anwesenden und zum anderen das simultane Erleben eigener und fremder Erlebnisse im *„Hier und Jetzt"*.

Gruppierungen untereinander können zur Verbesserung ihrer Beziehung oder Zusammenarbeit die sogenannte *soziale Kreativität* zu ihrem beiderseitigen Vorteil nutzen. Sie wählen dann jeweils diejenige Merkmalsdimension als ihre Stärke, worin sie besser bzw. der anderen Gruppe überlegen sind und stärken damit ihr Selbstvertrauen und ihr Gruppenbewusstsein.

8.7 Persönlichkeitsdiagnostik im Lichte der Kreativität

Für die konkrete und praktische Durchführung einer Kreativitäts- oder Persönlichkeitsdiagnostik dürfte es wahrscheinlich hilfreich sein, eine Liste der zur Verfügung stehenden Instrumente als relevante Persönlichkeitstests oder Merkmalsskalen an der Hand zu haben! Die in Kap. 7 genannten und gelisteten Persönlichkeitsverfahren oder Tests sind eine Auswahl und Empfehlung, die sicherlich durch neue Forschungsbeiträge oder Verfahrensentwicklungen jeweils aufs Neue zu relativieren und zwecks Austausch zu überprüfen sind. Was bleibt und sicherlich Bestand hat, sind die Persönlichkeitsmerkmale, die aller Wahrscheinlichkeit nach im Zusammenhang mit Kreativität stehen könnten, ob nun im positiven förderlichen Sinne oder im negativen Sinne, wenn sie kreatives Verhalten blockieren und verhindern.

Vieles hängt natürlich auch von dem Zweck der Psychodiagnostik sowie von der Ziel- oder Populationsgruppe ab. Denn es macht einen gehörigen Unterschied, ob eine Selektionsentscheidung, z. B. unter *mehreren* Arbeitsplatzbewerbern, oder eine konkurrenzlose Modifikationsentscheidung zu treffen ist, die die *individuelle* Eignung für z. B. eine Personalentwicklungsmaßnahme oder für ein sonstiges Förderprogramm feststellt (wie z. B. eine Rehabilitation nach einer schweren Erkrankung oder eine vorzeitige Entlassung aus dem regulären Strafvollzug).

Aus den bekannten und gebräuchlichen Persönlichkeitstests kommt eigentlich nur das Merkmal „Offenheit für neue Erfahrungen" aus dem „BigFive" für die Kreativitätsdiagnostik als unterstützende Motivationskraft in Frage. Bei diesem Persönlichkeitsmerkmal ist aufgrund der Ausführungen und Beschreibungen davon auszugehen, dass Offenheit für kreatives Verhalten grundsätzlich förderlich und inspirierend sein muss!

Aufgrund der Befunde und Erkenntnisse aus eigenen Studien, z. B. im Rahmen der Konstruktion und Validierung des Tests *„Six & Six"* (s. Abschn. 7.2.4), sollte für Kreativitätseinschätzungen keinesfalls der Merkmalskomplex „Annährungs- und Vermeidungsverhalten" übersehen und übergangen werden, weil kreative Leistungen und Verhalten nicht zuletzt von einer hinreichenden *Eigenmotivation* abhängen (s. Abschn. 6.3). Neuere Skalen- oder Testentwicklungen legten jedenfalls nahe, sowohl die anreizfördernden als auch die eher hemmenden Persönlichkeitskonstrukte, wie z. B. Risikoscheue, Angst oder (übertriebene oder unangemessene) Vorsicht, ins Visier zu nehmen. Kreativität tritt wahrscheinlich nur dann auf, und ist zu erwarten, wenn bestimmte Erfolgserlebnisse zu erhoffen und möglich sind, *denn niemand geht ohne Not bzw. ohne Anreiz irgendwelche Risiken ein!* Bei einem ausbleibenden „kreativen Erfolg", was nicht auszuschließen ist, stellen sich sehr wahrscheinlich die zu erwartenden Risiken ein, z. B. mit einer Blamage oder einer „schlechten Presse" in der Öffentlichkeit, was nicht gerade imagefördernd, sondern eher peinlich ist.

Förderlich für das Entstehen von Kreativität ist darüber hinaus nicht nur die bereits bekannte und in mehreren Persönlichkeitstests enthaltene *Flexibilität* als Persönlichkeitseigenschaft, z. B. bei der angesprochenen Nutzung von Bewertungsschemata oder Kategoriensystemen (s. auch Abschn. 4.1), sondern zusätzlich eine Neigung oder positive Haltung zum Gebrauch von *Heuristiken* (als sogenannte Daumenregeln), wenn es keine anderen belastbaren Informationen zur Orientierung oder Entscheidung gibt. Ebenso könnte ein „gesunder Optimismus" verbunden mit hinreichendem Selbstvertrauen für das Entstehen oder die Entwicklung von Kreativität motivationsfördernd sein. Ein neuer, noch in der Vorbereitung sich befindlicher Persönlichkeitstest (der *„Six & Six";* s. Abschn. 7.2.4) hat diese Merkmale operationalisiert und würde sie für Testzwecke anbieten.

Ob Selbstbeschreibungen im Sinne von Meinungsäußerungen oder Ansichten über die (eigene) Kreativität die gehegten Erwartungen erfüllen oder erfüllt haben, bleibt zunächst eine offene Frage, da entsprechende Instrumente im deutschsprachigen Raum, vergleichbar mit denen in englischer Sprache (s. Abschn. 7.3), m. W. nicht existieren. Es wäre aber denkbar, dass ihr Einsatz im Zuge eines Extremgruppenvergleiches, also zwischen *Kreativen* und *Nichtkreativen,* und zur Itemgewinnung sinnvoll sein könnte, wenn es gelingt, diese beiden Extremgruppen zu diskriminieren, d. h. sie anhand definierter Kriterien oder Items voneinander zu trennen.

Während jede Kreativitätsmessung dem Problem des unkalkulierbaren und spontanen Verhaltens, insbesondere in einer Prüfungssituation mit kontrollierten Bedingungen, ausgesetzt ist, haben Selbstbeschreibungen, egal welchen Persönlichkeitsbereich sie betreffen, immer mit dem Problem der „sozialen Erwünschtheit" zu kämpfen, das vielfach eine verlässliche und realistische Aussage verhindert oder infrage stellt.

8.8 Resümee und Ausblick

Festzuhalten ist zum Schluss, dass die Kreativitätsdiagnostik, ob nun eingebunden in eine Persönlichkeitsdiagnostik oder nicht, anders als bei einer herkömmlichen Diagnostik durch Testverfahren, nur unter Inkaufnahme diverser Schwierigkeiten auf direkte Art und Weise funktioniert. Wie bereits mehrfach angedeutet, liegen die Probleme in den unkalkulierbaren und unkontrollierbaren Prozessen der Ideenfindung und dem kreativen Verhalten und weniger in Konstruktionsmängeln der eingesetzten Verfahren.

Vom besonderen Wert könnten deshalb in diesem Beitrag die Empfehlungen sein,

a) Kreativitätsdiagnostik umfassender im Rahmen einer Persönlichkeitsdiagnostik zu betreiben und sich von der Abhängigkeit von ggf. ungeeigneten Kreativitätstests zu lösen;
b) alternative Ansätze auszuprobieren, wie z. B. den Einsatz von „offenen Problemen" als Szenario, für die der Proband einen Lösungsweg „kreativ" zu entwickeln hat, und diesen Problemlösungsprozess durch gut vorbereitete und ausgearbeitete Raster oder Schemata zu begleiten und zu beobachten;
c) Sollte es im Positiven nicht funktionieren, Kreativität festzustellen und zu bewerten, bliebe noch die Möglichkeit, „den Spieß umzudrehen" und nach Kreativitätsbarrieren bzw. negativen Bedingungen oder Voraussetzungen für Kreativität zu fahnden.

Kreativität weist damit einige Gemeinsamkeiten zu anderen Forschungsdisziplinen der Sozialpsychologie auf, wie z. B. zu Untersuchungen über Führung und Management von Gruppen oder Organisationen. Wie Kreativitätsprozesse sind auch Führungsprozesse nicht allein personenabhängig, sondern vor allem hochgradig situationsabhängig und funktionieren nicht immer und überall gleichermaßen.

Neben dem Talent und dem Erfahrungswissen als Grundvoraussetzungen kreativer Personen lässt sich Kreativität nur dann beobachten und feststellen, wenn zum einen die Situation oder die Umstände günstig oder gut sind (z. B. kein Druck von außen oder Stress) und zum anderen es sich persönlich lohnt, also wenn der Kreative sich etwas beweisen will und er (oder sie) etwas davon hat. Gleiche Voraussetzungen liegen auch für eine erfolgreiche Mitarbeiterführung nach den einschlägigen Studien vor (z. B. gemäß den Ergebnissen der „Weg-Ziel-Modelle", auch „Path-Goal Models" genannt).

Manche prominente Kognitionsforscher wie z. B. Daniel Kahneman wiesen in jüngster Zeit zu Recht auf den Unterschied zwischen dem *kausalen Verstehen* von erfolgten Ereignissen und der Abgabe *spekulativer Prognosen* mit nicht vergleichbaren Vorgehensweisen und Ergebnissen hin, was anscheinend auch auf die Kreativität zutrifft. Dinge oder Geschehnisse nicht nur zu ersinnen oder zu erfassen, sondern auch zu verstehen, ist für Kreative zugleich eine Herausforderung und womöglich eine (ambivalente) Voraussetzung für ihr Denken und Handeln. Auf der einen Seite müssen Kreative mit den vorliegenden Informationen umgehen können, das heißt nichts anderes, als sie mit ihrem Vorwissen zu verknüpfen, um sie zu verstehen. Auf der anderen Seite dürfen sie sich auch nicht selbst in ihren Überlegungen oder Ahnungen bei ihren zukünftigen Planungen und Handlungen „im Wege stehen" und wie gewohnt denken und handeln und sich damit selbst beschneiden. Neue Sichtweisen und damit neue Ideen würden sich z. B. bei einer *„konventionellen Beschränktheit"* als persönliches Handicap sicherlich nicht einstellen.

Falls der Entwicklungsprozess bereits abgeschlossen ist, liegt natürlich dessen Resultat vor. Um den Ablauf und die Entwicklung zu verstehen, bleibt nur eine Rückschaubetrachtung (oder *„Backward Strategy"*). Ergebnis einer Backward-Strategie kann dann nach aktuellen Studien ein aufgedeckter Algorithmus sein, der die Ereignisse oder Prozessvariablen, wie die Perlen auf einer Schnur, entweder aufgrund von Korrelationen oder Kausalitäten zusammenfügt und ein Muster für zukünftige ähnliche Ereignisse oder Konstellationen anbietet. Sozioökonomische Daten z. B., die in Megadatenbanken von unzähligen Personen oder Haushalten gesammelt wurden, sind heute eine gern benutzte Quelle für die Konstruktion dieser *„Algorithmen des Verstehens"* und bieten sich für kreative oder spekulative Voraussagen an (wenn und wann z. B. eine private Insolvenz droht)! „Gewiefte Prognostiker" bedienen sich zur Optimierung ihrer Vorhersagen des *„Bayes-Theorems"*, um z. B. ihre anfangs verwendeten Wahrscheinlichkeitsannahmen im Lichte neuer Erfahrungen zu aktualisieren und zu verbessern. Solch eine Praxis wäre nichts anderes als ein kontinuierliches „Updating"!

Organisationen oder Betriebe unterliegen bekanntlich weniger Beschränkungen in der Kreativitätseinschätzung aufgrund widriger Umstände. Möglicherweise ist vielen Betriebsangehörigen (Führungskräften wie Mitarbeitenden) gar nicht bewusst, welche Kreativitätspotenziale sich bei der Erledigung der täglichen Arbeitsaufgaben auftun und ergeben. Mitunter finden kreative Leistungen oder neue Ideen auch Eingang in bestehende „Know-how-Systeme" des „strategischen Innovationsmanagements" zum allgemeinen und produktiven Nutzen (z. B. über die Einrichtung von Expertensystemen), sodass alle innerhalb einer „lernenden Organisation" davon profitieren können.

Eng mit der Kreativität dürfte die Resilienz kovariieren, denn Resilienz hat die Eigenschaft und Aufgabe, genügende psychische Ressourcen für ein effektives „Coping" zu mobilisieren bei oder unter seelischen Belastungen oder Stress. Jemand, der über diese mentalen und psychischen Stärken verfügt, bringt sehr gute Voraussetzungen mit, mit Herausforderungen und Problemen umzugehen und sie erfolgreich zu meistern. Verkürzt oder auf einen Nenner gebracht bedeutet Resilienz aus Sicht der Forschung eine aktive und autonome Entscheidung, etwas für sich (oder für andere) zutun. Aus dieser Perspektive ist eine gewisse „Seelenverwandtschaft" bzw. eine damit verbundene teilweise inhaltliche Übereinstimmung mit manchen Merkmalsfacetten der Kreativität auffällig und zu erkennen. Mit Resilienz sind nicht nur die begleitenden positiven Affekte verbunden mit einer optimistischen Grundstimmung vorherrschend oder *salient*, sondern auch der Wille, dabei erfolgreich zu sein und aus den Erfahrungen für die Zukunft zu lernen. Kreativität als eine Facette oder Teil der Resilienz mag dieses Verhalten aktiv unterstützen!

Sollte die Suche nach der Kreativität nicht zum Erfolg führen, bliebe noch die Beschäftigung mit der Resilienz als Alternative. Zur Feststellung und Einschätzung von Resilienz gibt es ebenfalls eine Reihe von psychometrischen Tests. Zu bedenken ist allerdings, dass nach den Konzeptionen der Resilienzforschung dieses Konstrukt eher mit Fragen sowohl der physischen als auch der psychischen Gesundheitsvorsorge und Gesundheitsfürsorge verknüpft ist und mit kreativen Bestrebungen oder Aktivitäten als „schöpferische" Problemlösefähigkeiten noch nicht direkt in Zusammenhang gebracht wurde. Gleichwohl gehören sowohl die Resilienz als auch die Kreativität zu den Attributen einer „erfolgreichen" Lebensführung.

Besondere Impulse hat bereits die Untersuchung der Kreativität beim Umgang mit den sozialen Medien erfahren. Somit ist davon auszugehen, dass kreative Akteure, egal welcher Couleur, sich auch in Zukunft verstärkt einem interessierten oder anonymen Publikum zuwenden, um ihre Kreationen zu präsentieren und um eine Einschätzung ihrer Qualität anhand der sozialen Resonanz, die sie erfahren, zu bitten. So gesehen wird die Kreativität einzelner Individuen (oder ihre kreativen Ideen oder Arbeiten) zu einem sozialen und kulturellen Gut der „öffentlichen Meinung", von dem viele Interessenten profitieren würden.

Anhang 1

A) Künstlerisch-ästhetische Kreativität
Aufgabe 1: Gestaltung eines Gartens

- Zeichnung mit Grundstück und Areal für Garten vorgeben
- Kriterien der Kreativität
  +Anzahl an Ideen wie Art der Pflanzen, Bäume etc.
  + Struktur wie Einteilung nach Beeten, Rasenflächen etc.
  + Stimmigkeit (Harmonie, Ausgewogenheit, Anpassung an Umgebung)

Aufgabe 2: Wohnung einrichten

- Grundriss einer Wohnung als Skizze vorgeben
- Kriterien der Kreativität
  + Zimmeraufteilung (Struktur)
  + Möblierung (Anzahl an Ideen)

B) Kreativität in sozialen Situationen
Aufgabe 1: Erbschaftsregelung innerhalb der Familie

- Vorgabe eines Szenarios mit Erben und Verwandtschaftsbeziehung, Erbschaft
- Kriterien der Kreativität
  + Problematisierung durch Fragenstruktur
  + Regelungsvorschlag mit Interessensausgleich und evtl. Akzeptanz

Aufgabe 2: Probleme am Arbeitsplatz

- Szenario z. B. über Schnittstellenprobleme von Arbeitsbereichen
- Kriterien der Kreativität
  + Definition des Problems (Fragenstruktur)
  + Auflistung der Problembereiche (Kategorien)
  + Regelungsvorschlag mit Interessensausgleich und evtl. Akzeptanz

H. Wienkamp, *Kreativitätsdiagnostik*, https://doi.org/10.1007/978-3-662-68927-1

Aufgabe 3: Erste Hilfe bei einem Unfall leisten

- Vorgabe: Beobachtung eines Unfalls
- Kriterien der Kreativität
  + Anzahl und Systematik der Fragen zur Situationsklärung (z. B. Art des Unfalls)
  + Lösungsvorschlag (z. B. Erste Hilfe, Notruf etc.)

Anhang 2

Der Häufigkeits-Farb-Test

Die Häufigkeiten: nie selten manchmal meistens häufig oft immer

Die Farben:

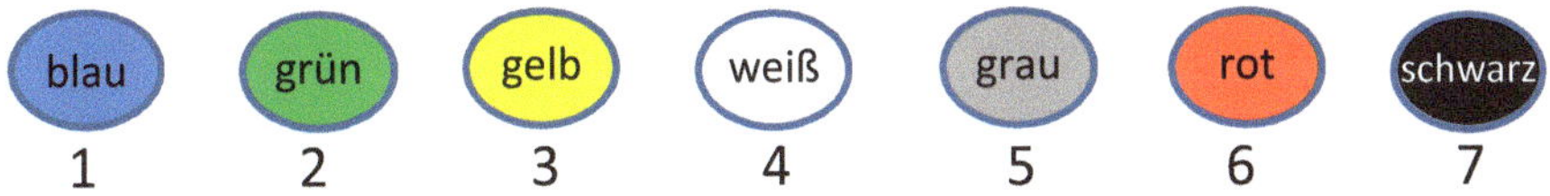

Die Aufgabe

Bitte stelle den Häufigkeiten (siehe Tabelle) die jeweils am besten passende Farbe (1 bis 7) gegenüber! – Versand an: E-Mail-Adresse

Vielen Dank

Häufigkeit	Farbe
Nie	
Selten	
Manchmal	
Meistens	
Häufig	
Oft	
Immer	

Debriefing:

Der Test soll überprüfen, inwieweit Sprachausdrücke (wie Häufigkeiten) bildlichen Vorstellungen (wie Farben) entsprechen.

H. Wienkamp, *Kreativitätsdiagnostik*, https://doi.org/10.1007/978-3-662-68927-1

Literatur

Andresen, B. (2000). Six basic dimensions of personality and a seventh factor of generalized dysfunctional personality: A diathesis system covering all personality disorders. *Neuropsychobiology, 41*, 5–23.

Andresen, B. (2002). *HPI Hamburger Persönlichkeitsinventar. Manual.* Hogrefe.

Barron, F. (1965). The psychology of creativity. *New Directions in Psychology II* (S. 1–134). Holt, Rinehart and Winston.

Barron, R. M., & Kenny, D. A. (1986). The moderator-mediator variable distinction in social psychological research: Conceptual, strategic, and statistical considerations. *Journal of Personality and Social Psychology, 51*(6), 1173–1182.

Bartling, G., Echelmeyer, L., Engberding, M., & Krause, R. (1980). *Problemanalyse im therapeutischen Prozess. Leitfaden für die Praxis.* Kohlhammer.

Bartling, G., Echelmeyer, L., & Engberding, M. (2016). *Problemanalyse im psychotherapeutischen Prozess. Leitfaden für die Praxis* (6., überarbeitete Aufl.). Kohlhammer.

Batson, C. D., Ahmad, N., Yin, J., Bedell, S. J., Johnson, J. W., & Templin, C. M. (1999). Two threats to the common good: Self-interested egoism and empathy-induced altruism. *Personality and Social Psychology Bulletin, 25*(3), 3–16.

Baudson, T. G. (2011). Kreativität – Zufall oder harte Arbeit? Ein programmatischer Beitrag. In C. Knopp & O. Steenbuck (Hrsg.), *Kreativität: Zufall oder harte Arbeit?* Karg – Hefte der Karg-Stiftung (S. 9–17).

Beghetto, R. A., & Kaufman, J. C. (2022). Theories of creativity. In J. A. Plucker (Hrsg.), *Creativity & innovation, theory, research, and practice* (2. Aufl., S. 23–36). Routledge.

Bentham, J. (1780/1823). *An introduction to the principles of moral and legislation.* Clarendon.

Bollinger, G. (1981). Kreativitätsmessung durch Tests zum divergenten Denken? *Zeitschrift für Differentielle und Diagnostische Psychologie, 2*(2), 87–106.

Caver, C. S., & White, T. L. (1994). Behavioral inhibition, behavioral activation, and affective responses to impending reward and punishment: The BIS/BAS scales. *Journal of Personality and Social Psychology, 67*(2), 319–333.

Caseras, X., Avila, C., & Torrubia, R. (2003). The measurement of individual differences in behavioral inhibition and approach self-report measures. *Personality and Individual Differences, 34*(6), 999–1013.

von Collani, G., & Herzberg, P. Y. (2003). Eine revidierte Fassung der deutschsprachigen Skala zum Selbstwertgefühl von Rosenberg (Kurzbeitrag). *Zeitschrift für Differentielle und Diagnostische Psychologie, 24*, 3–7.

Corr, P. J. (Hrsg.). (2008). *The reinforcement sensitivity theory of personality.* Cambridge University Press.

Costa, Jr. P. T., & McCrae, R. R. (1992). Revised NEO Personality Inventory (NEO-PI-R) and NEO Five-Factor Inventory (NEO-FFI). *Professional Manual.* Psychological Assessment Resources.

H. Wienkamp, *Kreativitätsdiagnostik*, https://doi.org/10.1007/978-3-662-68927-1

Cohn, R. (1983). *Von der Psychoanalyse zur themenzentrierten Interaktion: Von der Behandlung einzelner zu einer Pädagogik für alle* (6. Aufl.). Konzepte der Humanwissenschaften. Klett-Cotta.

Dickinson, Z. C. (1924). *Economic motives. A study in the psychology foundations of economic theory, with some reference to other social sciences.* Harvard Economic Studies (Bd. XXIV). Harvard University Press.

Dow, G. T. (2022). Defining creativity. In J. A. Plucker (Hrsg.), *Creativity & innovation, theory, research, and practice* (2. Aufl., S. 5–22). Routledge.

Elliot, A. J., & Thrash, T. M. (2002). Approach-avoidance motivation in personality: Approach and avoidance temperaments and goals. *Journal of Personality and Social Psychology, 82*(5), 804–818.

Elliot, A. J., & Thrash, T. M. (2008). Approach and avoidance temperaments. In G. J. Boyle, G. Matthews, & D. H. Saklofske (Hrsg.), *The SAGE handbook of personality theory and assessment, Vol 1 personality theories and models* (S. 315–333). SAGE.

Eysenck, H. J. (1970). *The biological basis of personality* (2. Aufl.). Thomas.

Eysenck, H. J. (1977). *Kriminalität und Persönlichkeit.* Europaverlag.

Eysenck, H. J., & Eysenck, S. B. G. (1991). *Manual of the Eysenck Personality Scales (EPS Adult).* Hodder and Stoughton.

Facaoaru, C. (1985). *Kreativität in Wissenschaft und Technik. Operationalisierung von Problemlösefähigkeit und kognitiven Stilen.* Huber.

Fechtenhauer, D. (1999). Zur Psychologie des Versicherungsbetruges. In L. Fischer, T. Kutsch, & E. Stephan (Hrsg.), *Finanzpsychologie* (S. 188–213). Oldenbourg.

Filipp, S.-H. (Hrsg.). (1984). *Selbstkonzept-Forschung. Probleme, Befunde, Perspektiven* (2. Aufl.). Klett.

Fiske, S. T., & Taylor, S. E. (1991). *Social cognition* (2. Aufl.). McGraw-Hill.

Flanagan, J. C. (1954). The critical incident technique. *Psychological Bulletin, 51*, 327–358.

Fyock, C. (2008). *The truth about hiring the best. „Get the best and avoid the rest…“.* Pearson Education.

Glaveanu, V. P. (2022). Social approaches to creativity. In J. A. Plucker (Hrsg.), *Creativity & innovation, theory, research, and practice* (2. Aufl., S. 37–44). Routledge.

Gniech, G., Oetting, T., & Brohl, M. (1993). *Untersuchungen zur Messung von „Sensation Seeking“.* Bremer Beiträge zur Psychologie, Institut für Psychologie und Kognitionsforschung der Universität Bremen.

Gray, J. A. (1971). *The psychology of fear and stress.* McGraw-Hill.

Gray, J. A. (1987). *The psychology of fear and stress* (2. Aufl.). University Press.

Gray, J. A., & McNaughton, N. (2000). *The neuropsychology of anxiety* (2. Aufl.). University Press.

Grinberg, L., Langer, M., Rodregue, E. – herausgegeben und eingeleitet von Werner W. Kemper (1971). *Psychoanalytische Gruppentherapie. Praxis und theoretische Grundlagen.* Geist und Psyche. Kindler.

Guilford, J. P. (1950). Creativity. *American Psychologist, 5*, 444–454.

Hathaway, S. R., & McKinley, J. C. (1943/1951). *The minnesota multiphasic personality Inventory manual.* Revised. The Psychological Corporation.

Heckhausen, H. (1963). *Hoffnung und Furcht in der Leistungsmotivation.* Hain.

Heider, F. (1958). *The psychology of interpersonal relations.* Erlbaum.

Hennessey, B. A., & Amabile, T. M. (1988). The conditions of creativity. In R. J. Sternberg (Hrsg.), *The nature of creativity, contemporary psychological perspectives* (S. 11–38). Cambridge University Press.

Henriksen, D., Mishra, P., & Torrejon Capurro, C. (2022). A sociocultural perspective on creativity and technology: New synergies for education. In J. A. Plucker (Hrsg.), *Creativity & Innovation, Theory, research, and practice* (2. Aufl., S. 327–346). Routledge.

Hexel, M. (2004). Validierung der deutschen Version des Attachment Style Questionnaire (ASQ) bei Personen mit und ohne psychiatrische Diagnosen. *Zeitschrift für Klinische Psychologie und Psychotherapie, 33*(2), 79–90.

Higgins, E. T. (1997). Beyond pleasure and pain. *American Psychologist, 52*(12), 1280–1300.

Hofstätter, P. R. (1957/1971). *Gruppendynamik. Kritik der Massenpsychologie.* Durchgesehene und erweiterte Neuauflage. Rowohlt.

Hull, C. L. (1943). *Principles of behavior. An introduction to behavioral theory.* Appelton-Century-Crofts.

Hull, C. L. (1951). *Essentials of behavior.* Yale Press.

Jäger, A. O., Süß, H. M., & Beauducel, A. (1997). *Berliner Intelligenzstruktur-Test (BIS-Test), Form 4.* Hogrefe.

Jonas, K., Stroebe, W., & Hewstone, M. (Hrsg.). (2014). *Sozialpsychologie* (6. Aufl.). Springer.

Kahneman, D. (2012). *Schnelles Denken, Langsames Denken* (2. Aufl.). Siedler.

Kahneman, D., Sibony, O., & Sunstein, C. R. (2023). *Noise: Was unsere Entscheidungen verzerrt – Und wie wir sie verbessern können.* Pantheon.

Karremans, J. C., & Finkenauer, C. (2014). Affiliation, zwischenmenschliche Anziehung und enge Beziehungen. In K. Jonas, W. Stroebe, & M. Hewstone (Hrsg.), *Sozialpsychologie* (6. Aufl., S. 401–437). Springer.

Kaufman, J. C. (2022). Creativity and mental illness: So many studies. So many scattered conclusions. In J. A. Plucker (Hrsg.), *Creativity & innovation, theory, research, and practice* (2. Aufl., S. 83–88). Routledge.

König, F. (1986). Kreativitätsdiagnostik als essentieller Bestandteil der Intelligenzdiagnostik. *Diagnostica, 32*(4), 345–357.

Krampen, G., Freilinger, J., & Wilmes, L. (1990). Mehrdimensionale Kreativitätsdiagnostik bei Kindern. *Zeitschrift für Differentielle und Diagnostische Psychologie, 11*(1), 1–15.

Kuhl, J. (2010). *Lehrbuch der Persönlichkeitspsychologie.* Hogrefe.

Landes, M., Steiner, E., & Utz, T. (Hrsg.). (2022). *Kreativität und Innovation in Organisationen. Impulse aus Innovationsforschung, Management, Kunst und Psychologie.* Springer.

Langmaack, B., & Braune-Krickau, M. (1985). *Wie die Gruppe laufen lernt. Anregungen zum Planen und Leiten von Gruppen.* Beltz.

Lee, K., & Ashton, M. C. (2004). Psychometric properties of the HEXACO personality inventory. *Multivariate Behavioral Research, 39*, 329–358.

Lersch, P. (1938). *Der Aufbau des Charakters.* Barth.

Levine, M., & Manning, R. (2014). Prosoziales Verhalten. In K. Jonas, W. Stroebe, & M. Hewstone (Hrsg.), *Sozialpsychologie* (6. Aufl.). Springer.

Linneweh, K. (1984). *Kreatives Denken. Techniken und Organisation produktiver Kreativität* (4. Aufl.). Gitzel.

Lockwood, P., Jordan, C. H., & Kunda, Z. (2002). Motivation by positive or negative role models: Regulatory focus determines who will best inspire us. *Journal of Personality and Social Psychology, 83*(4), 854–864.

Mandel, A., & Mandel, K. H. (1979). Einübung in Partnerschaft durch Kommunikationstherapie und Verhaltenstherapie. In A. Mandel, K. H. Mandel, E. Stadter, & D. Zimmer (Hrsg.), *Einübung in Partnerschaft durch Kommunikationstherapie und Verhaltenstherapie, Reihe: Leben lernen 1* (S. 13–324). Pfeiffer.

Mandel, A., Mandel, K.-H., Stadter, E., & Zimmer, D. (Hrsg.). (1979). *Einübung in Partnerschaft durch Kommunikationstherapie und Verhaltenstherapie, Reihe: Leben lernen.* Pfeiffer.

McClelland, D. C. (1987). *Human motivation.* Cambridge University Press.

McCrae, R. R., & Costa, Jr. P. T. (1999). A five-factor theory of personality. In L. A. Pervin, & O. P. John (Hrsg.), *Handbook of personality. Theory and research* (2. Aufl., S. 139–153). Guilford Press.

Meehl, P. E. (1954). *Clinical versus statistical predictions: A theoretical analysis and a review of the evidence.* University of Minnesota Press.

Mehrabian, A., & Ksionsky, S. (1974). *A theory of affiliation.* Lexington.

Miller, D. T. (1999). The norm of self-interest. *American Psychologist, 54*(12), 1053–1060.
Murray, H. A. (1938). *Explorations in personality*. Oxford University Press.
Neves-Pereira, M. S., & Pinheiro, M. A. (Hrsg.). (2023). *A dialogical approach to creativity.* Palgrave Studies in Creativity and Culture. Palgrave Macmillan.
Nikitin, J., & Freund, A. M. (2010). When wanting and fearing go together: The effect of co-occuring social approach and avoidance motivation on behavior, affect, an cognition. *European Journal of Social Psychology, 40*, 783–804.
Palmer, C. (2016). *Berufsbezogene Kreativitätsdiagnostik. Beschreibung und Messung der personalen Voraussetzungen von Innovationen*. Springer.
Preiser, S. (1976). *Kreativitätsforschung*. Erträge der Forschung, Band 61. Wissenschaftliche Buchgesellschaft.
Pundt, A. (2014). Diagnose berufsbezogener Kreativität – Planung und Gestaltung (DBK-PG). *Zeitschrift für Arbeits- und Organisationspsychologie, 58*(N. F. 32) 2, 95–99.
Qian, M., Plucker, J. A., & Gao, Q. (2022). Creativity assessment. In J. A. Plucker (Hrsg.), *Creativity & Innovation, Theory, research, and practice* (2. Aufl., S. 229–240). Routledge.
Rammstedt, B., & John, O. P. (2005). Kurzversion des Big Five Inventory (BFI-K): Entwicklung und Validierung eines ökonomischen Inventars zur Erfassung der fünf Faktoren der Persönlichkeit. *Diagnostica, 51*(4), 195–206.
Ruch, W. (1999). Die revidierte Fassung des Eysenck Personality Questionnaire und die Konstruktion des deutschen EPQ-R bzw. EPQ-RK. *Zeitschrift für Differentielle und Diagnostische Psychologie, 20*(1), 1–24.
Schuler, H. & Görlich, Y. (2007). *Kreativität. Ursachen, Messung, Förderung und Umsetzung in Innovation*. Praxis der Personalpsychologie Band 13. Hogrefe.
Schuler, H., Gellerie, P., Winzen, J., & Görlich, Y. (2013). *Diagnose berufsbezogener Kreativität – Planung und Gestaltung (DBK-PG).* Hogrefe.
Seiffge-Krenke, I. (1974). *Probleme und Ergebnisse der Kreativitätsforschung.* Huber.
Slovic, P., Finucane, B., & Lichtenstein, S. (2009). The affect heuristic. In D. Gilovich, D. Griffin, & D. Kahneman (Hrsg.), *Heuristics and biases. The psychology of intuitive judgments* (8. Aufl., S. 397–420). Cambridge University Press.
Spears, R., & Tausch, N. (2014). Vorurteile und Intergruppenbeziehungen. In K. Jonas, W. Stroebe, & M. Hewstone (Hrsg.), *Sozialpsychologie* (6. Aufl., S. 507–564). Springer.
Sternberg, R. J. (1985). *Beyond IQ. A triarchic theory of human intelligence.* Cambridge University Press.
Strobel, A., Beauducel, A., Debener, S., & Broke, B. (2001). Eine deutschsprachige Version des BIS/BAS-Fragebogens von Carver und White. *Zeitschrift für Diagnostische und Differentielle Psychologie, 22*(3), 216–227.
Tabachnick, B. G., & Fidell, L. S. (2007). *Using Multivariate Statistics* (5. Aufl.). Pearson.
Tardif, T. Z., & Sternberg, R. J. (1988). What do we know about creativity? In R. J. Sternberg (Hrsg), *The nature of creativity, contemporary psychological perspectives* (S. 429–440). Cambridge.
Torrance, E. P. (1988). The nature of creativity as manifest in its testing. In R. J. Sternberg (Hrsg.), *The nature of creativity, contemporary psychological perspectives* (S. 43–75). Cambridge.
Tversky, A., & Kahneman, D. (1974/2008). Judgment under uncertainty. Heuristics and biases. In D. Kahneman, P. Slovic, & A. Tversky (Hrsg.), *Judgment under uncertainty: Heuristics and biases* (24. Aufl., S. 3–20). Cambridge University Press.
Ullrich, R., & Ullrich, R. (1978). *Das Assertiveness-Training-Programm ATP: Einübung von Selbstvertrauen und sozialer Kompetenz. Teil I / Bedingungen und Formen sozialer Schwierigkeiten* (2. Aufl.). Leben lernen 22. Pfeiffer.
Ullrich, R., & Ullrich, R. (1980). *Das Assertiveness-Training-Programm ATP: Einübung von Selbstvertrauen und sozialer Kompetenz. Teil II / Selbstsicheres Verhalten – Grundkurs des ATP* (3. Aufl.). Leben lernen 22. Pfeiffer.

Ullrich, R., & Ullrich, R. (1982). *Das Assertiveness-Training-Programm ATP: Einübung von Selbstvertrauen und sozialer Kompetenz. Teil II / Selbstsicheres Verhalten – Differenzierte Anwendung im Freundeskreis, am Arbeitsplatz, in der Familie* (3. Aufl.). Leben lernen 22. Pfeiffer.

Urban, K. K. (2011). Möglichkeiten und Grenzen der Kreativitätsdiagnostik. In C. Knopp & O. Steenbuck (Hrsg.), *Kreativität: Zufall oder harte Arbeit?* Karg – Hefte der Karg-Stiftung (S. 18–27).

Watzlawick, P. (1983/2010). *Anleitung zum Unglücklichsein* (16. Aufl.). Piper.

Watzlawick, P., Beavin, J. H., & Jackson, D. D. (1982). *Menschliche Kommunikation. Formen, Störungen, Paradoxien* (6. Aufl.). Huber.

Webley, P., Cole, M., & Eidjar, O.-P. (2001). The prediction of self-reported and hypothetical tax-evasion: Evidence from England, France and Norway. *Journal of Economic Psychology, 22*, 141–155.

Wewetzer, K.-H. (1984). *Intelligenz und Intelligenzmessung* (2. Aufl.). Erträge der Forschung, Band 11. Wissenschaftliche Buchgesellschaft.

Wienkamp, H. (2017). *The influence of incentive motivation and risk tolerance on risky decisions. An empirical study to show how direct effects from these psychological constructs and indirect effects from two mediators connected with risk, influence decision in ambivalent situations.* A thesis submitted for the degree of Ph.D., University of Nicosia, Department of Psychology.

Wienkamp, H. (2020a). The influence of incentive motivation and risk tolerance on risky decisions. *Advance Research in Psychology, 1*(1). https://doi.org/10.46412/001c.13098.

Wienkamp, H. (2020b). *Psychologische Anforderungsanalysen in Theorie und Praxis. Für Führungskräfte und Personalmanager, die Anforderungsprofile erheben wollen.* Essentials. Springer.

Wienkamp, H. (2021a). *Psychologische Anforderungsanalysen. Anforderungsprofile für Management, Arbeit und Business.* Springer.

Wienkamp, H. (2021b). *Psychological requirements in theory and practice. for executives and human resource managers who want to raise requirement profiles.* Essentials and eBook. Springer.

Wienkamp, H. (2022a). *Manipulation als System. Über die bekannten und verborgenen Seiten systematischer Beeinflussungen.* Essentials. Springer.

Wienkamp, H. (2022b). *Strategische Personalbeurteilungen. Wirtschaftspsychologische Systeme für das Performance Management.* Springer.

Wienkamp, H. (2022c). Wen brauchen wir wirklich? Kein Recruiting ohne Anforderungsprofile. *personal manager, 6*(22), 44–47.

Wienkamp, H. (2023a). *Herausforderungen und Strategien der Personalberatung und Personalbetreuung – Aus der wirtschaftspsychologischen Praxis, für die Praxis.* Springer.

Wienkamp, H. (2023b). Manipulation – Oder, „man kann nicht nicht manipulieren!". *people & work 04/23.* .

Wienkamp, H. (in Vorbereitung a). *Diagnostik von Manipulationen.* Springer.

Wienkamp, H. (in Vorbereitung b). *Persönlichkeitstest über Ihr Business- und Finanzprofil. Der „Six & Six".* Springer.

SPRINGER NATURE

GPSR Compliance

The European Union's (EU) General Product Safety Regulation (GPSR) is a set of rules that requires consumer products to be safe and our obligations to ensure this.

If you have any concerns about our products, you can contact us on ProductSafety@springernature.com

In case Publisher is established outside the EU, the EU authorized representative is:

Springer Nature Customer Service Center GmbH
Europaplatz 3
69115 Heidelberg, Germany

FSC
www.fsc.org
MIX
Papier | Fördert gute Waldnutzung
FSC® C083411

Kolibri 360 GmbH
Ferdinand-Jühlke-Straße 7
99095 Erfurt, Deutschland
produktsicherheit@kolibri360.de